文在寅《ムン・ジェイン》守護霊 VS. 金正恩《キム・ジョンウン》守護霊

南北対話の本心を読む

隆法
Okawa

まえがき

余計な解説は書くまい。ただ本文をご一読願いたい。

日本のマスコミや政治家が幻想をいだかないことを切に願っている。

真理はいつも単純なところにある。

国民が真に国を愛さなければ、その国は滅《ほろ》びる、ということだ。今、世界を、善意だけが支配していると観《かん》じるのは、かなり空《むな》しいことだ。

二〇一八年　三月十三日

幸福《こうふく》の科学《かがく》グループ創始者兼総裁《そうししゃけんそうさい》　大川隆法《おおかわりゅうほう》

文在寅守護霊 vs. 金正恩守護霊　目次

第1章　文在寅《ムンジェイン》大統領守護霊《しゅごれい》の霊言《れいげん》

二〇一八年三月八日　収録
幸福の科学　特別説法堂《せっぽうどう》にて

第2章　金正恩《キムジョンウン》委員長守護霊の霊言

二〇一八年三月八日　収録
幸福の科学 特別説法堂にて

「霊言現象《れいげん》」とは、あの世の霊存在の言葉を語り下ろす現象のことをいう。これは高度な悟《さと》りを開いた者に特有のものであり、「霊媒現象《れいばい》」（トランス状態になって意識を失い、霊が一方的にしゃべる現象）とは異なる。外国人霊の霊言の場合には、霊言現象を行う者の言語中枢《ちゅうすう》から、必要な言葉を選び出し、日本語で語ることも可能である。

また、人間の魂《たましい》は原則として六人のグループからなり、あの世に残っている「魂のきょうだい」の一人が守護霊《しゅごれい》を務めている。つまり、守護霊は、実は自分自身の魂の一部である。したがって、「守護霊の霊言」とは、いわば本人の潜在《せんざい》意識にアクセスしたものであり、その内容は、その人が潜在意識で考えていること（本心）と考えてよい。

なお、「霊言」は、あくまでも霊人《れいじん》の意見であり、幸福の科学グループとしての見解と矛盾《むじゅん》する内容を含《ふく》む場合がある点、付記しておきたい。

第1章

文在寅《ムンジェイン》大統領守護霊《しゅごれい》の霊言《れいげん》

二〇一八年三月八日　収録

幸福の科学　特別説法堂《せっぽうどう》にて

文在寅《ムンジェイン》（一九五三〜）

大韓民国《だいかんみんこく》の大統領。慶熙《キョンヒ》大学校卒。在学中に朴正煕《パクチョンヒ》政権に対する民主化運動で投獄《とうごく》される。一九八〇年、司法試験に合格し弁護士になると、八二年に、後《のち》の大統領・盧武鉉《ノムヒョン》氏と法律事務所を開業。盧政権発足《ほっそく》後は大統領秘書室長等を歴任する。その後、「共に民主党」代表等を経《へ》て、二〇一七年五月、第十九代大統領に就任。

質問者　※質問順

里村英一《さとむらえいいち》（幸福の科学専務理事〔広報・マーケティング企画《きかく》担当〕兼《けん》ＨＳＵ講師）

綾織次郎《あやおりじろう》（幸福の科学常務理事 兼 総合誌編集局長 兼「ザ・リバティ」編集長 兼 ＨＳＵ講師）

及川幸久《おいかわゆきひさ》（幸福実現党外務局長）

［役職は収録時点のもの］

1　マスコミが取材できない情報を提供する

大川隆法　先般《せんぱん》、韓国《かんこく》の平昌《ピョンチャン》で冬季オリンピックが開催《かいさい》されました。「それに北朝《きたちょう》鮮《せん》の参加を認めるかどうか」ということが一つの関門だったと思いますが、参加を許したことによって、政治的にも外交的にも、今、事態は急に流動化しつつあるのではないかと思います。

いろいろな観測が飛び交《か》ってはいると思いますが、現在進行形であり、「まだ年内に二転三転するのではないか」と考えられるので、今の時点で、結論的なものをはっきりと言えるものではないと思います。

ただ、源流を考えれば、やはり、韓国の文在寅《ムンジェイン》大統領と北朝鮮の金正恩《キムジョンウン》（朝鮮労働党）委員長の本心のところが、最終的には問題になろうかと思います。何度も来てもらっている方（金正恩守《しゅ》護霊《ごれい》）もいるのですが、このへんについて、今、どう思っているのか、話をお聞きしたいと思います。

今日（二〇一八年三月八日）の霊言《れいげん》収録の趣旨《しゅし》としては、日本やアメリカ、韓国のマスコミ等が取材できないと思われる、彼らの本心のところを、「宗教ジャーナリズム」として、できるだけ客観的に取材してみたいと思っ

金正恩氏の本心に迫った守護霊霊言

『守護霊インタビュー
金正恩 最後の狙い』

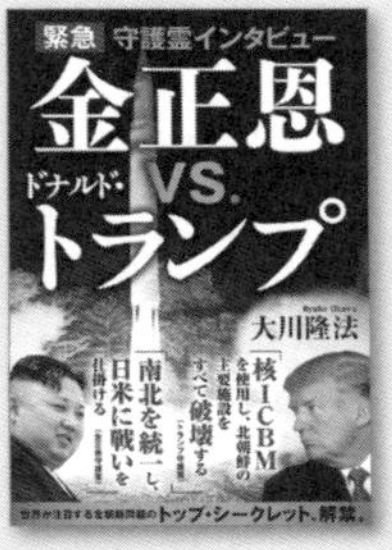

『緊急守護霊インタビュー 金正恩 vs. ドナルド・トランプ』

『危機の中の北朝鮮
金正恩の守護霊霊言』

『北朝鮮・金正恩はなぜ
「水爆実験」をしたのか』

『守護霊インタビュー
金正恩の本心直撃！』★

『北朝鮮―終わりの
始まり―』★

★は幸福実現党刊。それ以外は幸福の科学出版刊。

ています。

この意味において、極力、主観性を排《はい》し、政治的な参考資料になるものをお出ししたいと考えています。それに基《もと》づいて、今後の判断を間違《まちが》えないようにすることが大事かと思います。

彼らの考えは以前とは変わっているかもしれませんし、変わっていないかもしれません。また、「それに対して、アメリカや日本はどう対応するべきか」等の問題もあろうかと思います。

私の考えがないわけではないのですが、とりあえず、今日は「取材優先」ということで、両者から半々ぐらい意見を聞ければよいと考えています。

（二人とも）老獪《ろうかい》なので、それほどスッと〝尻尾《しっぽ》〟は出ないかもしれず、時間的に取り逃《に》がす可能性はあると思います。

ただ、金正恩氏の守護霊には何回も来てもらっており、もう向こうもかなり慣れてきているので、ペラペラしゃべる可能性はあると思います。

文在寅氏の守護霊のほうは、まだ、ちょっと皮を被《かぶ》っている感じがするので、それほど簡単ではないかもしれませんが、本心に近づければと思っています。

これは最終的な判断というよりは「取材」です。ベーシックな取材が今できていないだろうと思うので、「本心や本当の狙《ねら》いは、どのへんにあるか」というところを聞き出せたらよいと考えています。

金正恩氏の守護霊からは最後に本心を引き出さなければいけないので、文在寅氏の守護霊の霊言を先にやったほうがよいのではないでしょうか。甘《あま》く考えているのか、それとも、（金正恩氏より）倍ぐらい年を取っているので、意外に老獪なのか、このへんを読みたいところです。

（質問者に）みなさんはベテランなので、よろしくお願いします。

●**文在寅氏の守護霊のほうは、まだ……**　文在寅氏が大統領に就任した翌日の2017年5月11日、同氏の守護霊霊言「韓国・文・新大統領守護霊インタビュー」を収録。『文在寅 韓国新大統領守護霊インタビュー』（幸福の科学出版刊）所収。

質問者一同　よろしくお願いします。

大川隆法　それでは霊言をいたします。

（合掌《がっしょう》して）韓国第十九代大統領、文在寅氏の守護霊をお呼びいたしまして、幸福の科学のほうから、宗教ジャーナリスト的に取材をしたいと思っております。

現在の新しい外交環境《かんきょう》は、いったい、どういうお考えに基づいてなされているのか、このあたりを、われわれに明らかにしてくだされば幸いかと思います。

文在寅氏の守護霊、文在寅氏の守護霊よ。

どうぞ、幸福の科学に降臨《こうりん》したまいて、その本音を明かしたまえ。

文在寅氏よ。

（約五秒間の沈黙《ちんもく》）

2　自賛し、浮《う》かれる文在寅守護霊

「私が描《えが》く設計図で世界が動く」と述べる文大統領守護霊

文在寅守護霊　（手を一回叩《たた》く）うん。ああ。うーん。

里村　文在寅大統領の守護霊様でいらっしゃいますでしょうか。

文在寅守護霊　うーん。

里村　本日は、まことにありがとうございます。

文在寅守護霊　うん。

里村　今、最初の表情というか、様子から、「自信」というものを非常に感じているのですけれども……。

文在寅守護霊　（笑みを浮《う》かべながら）うん。感度いいね、君。

里村　いえ、いえ、いえ。
今、「南北首脳会談を四月末に開催《かいさい》で合意」ということで、世界を驚《おどろ》かせております。まず、これについて、文大統領守護霊様のご感想をお伺《うかが》いしたいと思います。

文在寅守護霊　見ろ。君ら、「韓国《かんこく》の大統領なんか、二流、三流だ」と思っているんだろうが、とうとう世界のトップリーダーに躍《おど》り出てきた。なあ？　私が描《えが》く設計図で世界が動くようになってきた。

うーん！「甘《あま》い」と思って、なめていたんだろうけど、「（世界を）動かせるんだ」ってことをねえ、君たちに見せてやるよ。

やっぱりねえ、これが「政治」であり、これが「外交」なんだよ。

里村　ほう。

文在寅守護霊　やっぱり、待っていたら駄目《だめ》なんだよ。なあ？　仕掛《しか》けていって道を拓《ひら》く。それで成果をあげる。これこそ理想のリーダーの姿だなあ。

だから、私が「歴史に名前の遺《のこ》る大統領」になることは、もう、ほぼ確定的だな。

里村　大統領守護霊様の今のお言葉からは、「きちんとシナリオをつくり、行程表をつくって、ここまで持ってきた」という自負が感じられたのですけれども……。

文在寅守護霊　うん。大統領になるための、選挙前の公約に関し、「非現実的なことを言っている」と思っていた人は、日本人も含《ふく》めて、たくさんいたんだろうと思うけれども、それが現実になろうとしているわけだから。そうであれば、私も、世界のリーダーとしては、やっぱり、「先見性のある者」として記憶《きおく》されることになるんじゃないかなあ。

3　韓国《かんこく》側が思い描《えが》くシナリオとは

「私の策で朝鮮《ちょうせん》半島の統一」と重ねて主張する

里村　具体的に言います。一部の報道によると、「特に去年、水面下で韓国《かんこく》側から北朝鮮《きたちょうせん》に対し、平昌《ピョンチャン》オリンピックへの参加等、いろいろと働きかけをしていた」とのことです。

そして、今年に入ると、一月一日《ついたち》に、突然《とつぜん》、北朝鮮の金正恩《キムジョンウン》労働党委員長が平昌オリンピックへの参加を言い始めたりしました。

これは、「金正恩委員長のほうが変わった」ように見えるのですが、そうではなくて、「あくまでも、文在寅大統領のシナリオどおりに進んでいた」ということでしょうか。

文在寅守護霊　「策」に、はまってきつつあるのかなあ。

里村　ほう。

文在寅守護霊　うん。君たちねえ、カブトムシを捕《つか》まえるのにさあ、「網《あみ》で捕《と》るだけだ」と思っているかもしれないけれども、網で捕るだけじゃなくてね、餌《えさ》っていうものを仕掛《しか》けると、向こうから寄ってくるの。寄ってくりゃあ、網を使わなくても、手で捕まえられるのよ。

〝網〟っていうのは、軍事的な圧力とかさ、そういうものなんだけど、それじゃなくて、〝素手《すで》〟でも捕まえられるわけよ、向こうが欲《ほ》しい〝餌〟を仕掛ければねえ。

経済制裁をかなりやっているのは、そのとおりだし、（北朝鮮にとって）それがかなりきついのは分かっているよ。だからこそ、考えようによっては、今は韓国が「主導権」を取れるチャンスなわけよねえ。北朝鮮から見てさあ、経済包囲網《ほういもう》を破るとしても、「韓国との対話」ぐらいしか、もう道がないもんなあ。

向こうは「賢《かしこ》い」と思っているのかどうか知らんけれども、「道を開《あ》けてやる」ことによって、引きずり出してきて土俵《どひょう》に乗せることさえできればですね、アメリカや日本、その他の国の圧力だけで動かされるんじゃなくて、「朝鮮の立場で南北統一を考える」というかたちで、主体的に引っ張っていけることになるじゃないか。「外国の圧力で国がそうなった」ということよりは、「自分らでやった」ということのほうが歴史に名前が遺《のこ》るでしょう?

「北に提供する〝餌《えさ》〟」の内容とは

里村　今、「餌《えさ》」というお言葉が出ました。

文在寅守護霊　だから、ずばり「餌」だね（笑）。そのとおりだよ。ハハハッ（笑）。

里村　私どもとしては、「何を〝お土産《みやげ》〟にしたか」ということが、実は今日お伺《うかが》いしたいことなのですが、その「餌」は、具体的に言うと？

文在寅守護霊　まあ、幾《いく》つかあるけどさ。
「平昌のオリンピックに北朝鮮の選手団が出られ、テレビに映って世界に放映された」っていうことで、「まだ国として承認され、存続しているのだ」ということを見せられただけでも、彼らにとっては十分うれしかったことであろう。まともな報道はされていないからさあ。
「われわれも人間であって、韓国の人間と同じ人種であるのだ。本来一つの国が分断され、不幸な状態がもう何十年も続いているのだ。だから、われわれもまた『平和を望んでいる国』であって、国民も『幸福になりたい』と思っているのだ」

ということを、彼らの姿で見させてやった。

「それだけでも十分にＰＲ効果があった」と彼らは見ているだろう。

また、特使で来ていた、正恩さんの妹さんやその他の人を持ち上げてやることで、気分をよくしてやって、「やっぱり、もう、助けてもらえるのは韓国しかないかなあ」と感じさせた。

アメリカなんかとだけ話したって、どうせ、ぶっ潰《つぶ》されるだけだからね。だけど、韓国に近寄り、「話し合いをしている」ということであれば、実は（アメリカからの）攻撃《こうげき》を防ぐことができるわな。

あとは、もちろん、経済制裁を解除して、再度、「経済援助《えんじょ》を始める」とかさ、お金とかさ、いろいろあるとは思うけど、それは加減の問題でできますけど。

ただ、「目的なしに、ただただ援助」っていうことはやらない。私はそれほどバカじゃないから、ちゃんと引き出す「落としどころ」を考えた上でやりますけどね。

最終的に狙《ねら》う「落としどころ」とは

綾織　何を引き出そうとされていますか。

文在寅守護霊　何を引き出す？　だから、「統一」はするつもりでいるんですよ。

綾織　「統一」なんですね。

文在寅守護霊　「南北統一」です。最終はね、「南北統一」なんです。それを、アメリカ主導でやられても、中国主導でやられても、やっぱり、基本的に困るんですよ。最終的には植民地状態から逃《に》げられないから。

アメリカ主導で統一されても、アメリカの植民地支配が続くというか、独立できなかった、かつての沖縄《おきなわ》みたいな状態が続くからさあ。また、中国主導でやられたってさ、韓国が中国の軍拡に呑《の》み込《こ》まれるかたちになるだけだからさ。「ロシアにやってもらう」っていうのも、これまた困るしさ。

日本がやれるとは思わないけど、ゆっくりやっとったら、日本だって、そのうちに何をするか分かんないからさ。安倍《あべ》さんが〝征夷大将軍《せいいたいしょうぐん》〟とか名乗り始めたりしたら、どうなるか分からんからさあ。そういうことはないとは言えん。

「自分らでやる」っていうのは、外から見ても、「いいことだろう」と見えるし、なかから見ても、二流国、三流国扱《あつか》いをされていた南北（朝鮮）の国民としては、「自分らの手で、この〝ベルリンの壁《かべ》〟を破った」っていうことは、やっぱり実績になるんじゃないかな。

「北にあっさりやられるほどバカじゃない」と主張する根拠《こんきょ》は

綾織　日本にしろアメリカにしろ、「引き出してほしい」と願っているのは、やはり、北朝鮮の核《かく》の問題……。

文在寅守護霊　うーん。そこが大きな問題だろうな。でも、「簡単ではないだろう」とは思ってるよ。

綾織　簡単ではない？

文在寅守護霊　そらあ、言い方は、今、微妙《びみょう》だけどさ。いやあ、前向きなことを言ってはいるけどさあ、私だって、あっさり騙《だま》されるほどバカではないので……。

里村　なるほど。

文在寅守護霊　ええ、ええ。「朝鮮半島の非核化」と言っている以上、（北朝鮮側は）「在韓米軍が（韓国から）引き揚《あ》げることを条件に核をなくす」と言ってくるに決まっているからさ。簡単にそれは、なるわけはないわなあ。

在韓米軍だけではなく、次に、日本（にあるアメリカ）の核兵器も、やっぱり、いつでも攻撃に来られるから、ここも問題だな。

「このへんを交渉《こうしょう》材料にすれば、向こうはなかなか非核化しないだろう」っていうことぐらいは分かっているからさ、そんなバカじゃないよ。年《とし》は（金正恩の）倍あるんだからさ、こっちはなあ。そんなバカじゃない。

でも、「南北合同」の方向に舵《かじ》を切れたらさあ、とりあえず、そちらのほうに行くと、ものの考え方はみんな変わってき始めて、統一ビジョンをつくり始めるからさ。

そして、もし、今のままで行けば、要するに、「巨大《きょだい》な債務《さいむ》国」対「債権国」になるからさ。お金を持っているのは、うち（韓国）だからね。だから、うちが助けてやる。要するに、〝銀行〟だよな。うちは〝銀行〟であって、向こうは〝潰れた工場〟だからさ、ほとんど。だから、買収だわな。

はっきり言えば、「国家買収」になる。

里村　ほう。

文在寅守護霊　南が、金《かね》というか物資も含《ふく》めて、北を買収するかたちになる。それで、「北の核ミサイル」と言っていたものが、「統一朝鮮の核ミサイル」になるのであれば、「それを誰《だれ》がコントロールするか」の問題になるからさ。ハハッ（笑）。

「米軍を追い出し、北の軍事力をコントロール下に置く」という構想

里村　「北の非核化」は、今日ぜひ守護霊様にお伺いしたかった最大のポイントの一つなのですが、要するに、文在寅大統領の守護霊様としては、「非核」とは言っているけれども、「北朝鮮の核放棄《ほうき》」を別に望んではいないのでしょうか。

文在寅守護霊　だから、（核ミサイルを）韓国に向けなきゃあ、それでいいわけよ。「韓国に撃《う》ち込まれる」っていうんだったら、私らも大変だからさあ。防衛するのに米軍も要《い》るしね。日本だって、ちょっとバックアップが要るかもしらんけれども……。

韓国に対してはさあ、（北朝鮮と）これだけ友好ムードだし、「（韓国が）物資の援助で経済封鎖《ふうさ》を破ってくれる」ということで、（南北が）共同することができ、「韓国には絶対に撃たない」って約束を取り付けることができればさあ。

まあ、日本に撃ち込まれたところで知ったことか。そんなの、大したことじゃないからさ（笑）。

里村　国際社会は、昨年来、ずっと、「北朝鮮に核を放棄させ、核開発を断念させる」ということで、包囲網をつくってきたわけですけれども……。

文在寅守護霊　「国際社会」なんてものはないんだよ。

里村　ない？

文在寅守護霊　（北朝鮮の核放棄に）利害があるのは日本とアメリカだけなんで、あと（の国々に）は利害は何もない。

中国は、「もう、どうでもいい」と思っているからさ。北朝鮮なんか、潰そうと思えば〝象の一足《ひとあし》〟でブスッと潰せるし、放っておこうと思えば放っておけるし、どちらでもできるんだよ。

綾織　となると、その朝鮮半島の非核化という部分で、文在寅大統領（守護霊）も、「米軍を追い出す」というようなことを考えていらっしゃるんですね。

文在寅守護霊　いや、私も本当は、米軍は撤去《てっきょ》させたいんだよ。やっぱり、ああいうのがあると〝植民地〟じゃないか、事実上はな。

綾織　うーん。

文在寅守護霊　だから、まあ、韓国だって沖縄と同じ状態なんで、できたらあれは追い出したいので。追い出すに当たっては、やっぱり北の軍事能力をコントロールすることが大事だからね。

里村　はい。

文在寅守護霊　そりゃあ、こちらの支配権に……、だから、「統一朝鮮の大統領」としての私のコントロール下に「(核ミサイルを)発射するか、しないか」を置けるんだったら、別に何も怖《こわ》くないもの。

里村　統一朝鮮の大統領、トップとして？

文在寅守護霊　うん、うん、うん。

4　朝鮮《ちょうせん》半島統一への目論見《もくろみ》、その後の構想

「金正恩《キムジョンウン》は、九十九パーセント首が絞《し》まっている」

里村　そのときに、金正恩《キムジョンウン》委員長はどのような立場になるのでしょうか。

文在寅守護霊　まあ、それは、日本の天皇陛下《へいか》みたいに退位なされて、しかし〝上皇〟として存在して。形態上は〝天皇〟のままで、お付きも同じぐらいいるっていう、それでいいんじゃないですか？

里村　ほお。実際の政治家としての金正恩委員長については、どのように評価されていますか。

文在寅守護霊　「美女軍団」と、「食糧《しょくりょう》」と、「金」と、「遊び」を与《あた》えれば、まあ生きていけるよ。まだ若いし。

里村　確かに若いですけれども、能力に関しては、どのように判定されているのでしょうか。

文在寅守護霊　今はもう、あれじゃないの？　九十九パーセント、首は絞《し》め上がっているんじゃないの、はっきり言って。放置して、韓国《かんこく》が何もしなかったら、これは絶対もう終わりだよ。もう終わるよ。

綾織　うーん。

文在寅守護霊　経済封鎖《ふうさ》はかなり効いてるよ。国民がいっぱい死んでるしさ。

里村　はい。

文在寅守護霊　だから、韓国が道を開《ひら》けなきゃさ。例えば、緊急《きんきゅう》食糧援助《えんじょ》とか何かをしたり、あるいは、開城《ケソン》の工業団地を共同でもう一回動かすとか、職をつくってやるようなことをして、少し、お金なり食糧なりが流れるようになれば、彼らは生きていけるからさ。

まあ、城が包囲されているような状態だからさ。四方《よんぽう》を囲まれてるから、一方のところに穴を開《あ》けてやりゃあ、出てくるわな、ここからな。

及川　とすると、主導権は完全に文大統領がお持ちだということですね。

文在寅守護霊　そう。だから、私は今、世界のトップリーダーになろうとしている。

北の核《かく》・ミサイルを韓国《かんこく》が管理すれば、アメリカの脅威《きょうい》にはならない

及川　では、そのあと文大統領は、もう一人の中心人物であるアメリカのトランプ大統領をどのように説得されますか。

文在寅守護霊　いやあ、アメリカは〝遠い国〟だからね。地球の裏側だからさ。だから、「まあ、面倒《めんどう》くさいから、自分らでやってくれれば、そのほうがやっぱり楽だ」って、トランプさんも太ってるから、そう思ってるんじゃないかなあ。

及川　核《かく》兵器に関しては、アメリカに対して、どう説得されますか。

文在寅守護霊　だから、アメリカはさあ、本当に核戦争をするつもりだったら、北《きた》朝鮮《ちょうせん》なんか相手にしてないよ。それは、分かってるけどさ。

ただ、大統領として、トランプさんだって、人類二度目の核兵器の使用をやったら、たぶん、前回以上の死者は出る。前回の広島・長崎《ながさき》は二十何万人だけどさ、もし核による攻撃《こうげき》をやったら、桁《けた》はもう一つ上がるわな。たぶん、〝ミリオン（百万）〟は行くからさ。

及川　ええ。

文在寅守護霊　そういう「核兵器を使って、百万、二百万の人を殺した大統領」として、歴史に記憶《きおく》を遺《のこ》したくはないわなあ、たぶんな。

里村　ただ、そこに関して言えば、今、北朝鮮は、核開発と同時にミサイルの開発を進めています。

文在寅守護霊　うん。

里村　アメリカの首都、あるいはニューヨークに届くような、長距離《ちょうきょり》ミサイルを完成させようとしているわけです。

文在寅守護霊　いや、だから、韓国《かんこく》がそこを管理すれば、別にアメリカの脅威《きょうい》にはならないじゃない。

里村　韓国が管理する？

文在寅守護霊　韓国が、核兵器もミサイルも、全部管理できる。

及川　「韓国はアメリカの同盟国だから、韓国が持てばいいだろう」と。

文在寅守護霊　そう、そう、そう。だから、心配がないわけよ。「北朝鮮のミサイル」は、「アメリカのミサイル」と同じになるわけよ、意味的には。

「朝鮮《ちょうせん》半島の平和」を〝大義〟として立てる

里村　とすると、ある意味で、金正恩氏を手玉に取り、アメリカのトランプ大統領を手玉に取って、韓国としては〝最強の兵器〟を手にすると。

文在寅守護霊　もちろん、国家買収。北はもう、要するに破産国家だから、買収するつもりでいるんだよ。

里村　先ほど、「北朝鮮《きたちょうせん》を平昌《ピョンチャン》オリンピックに参加させることで、独立国家としての体面を保たせてあげて、それで、アメリカによる先制攻撃を避《さ》けさせてあげた」ということをおっしゃいました。

文在寅守護霊　うん。

里村　それについては「なるほど」と思ったんですけれども、ただ、今後のプロセスのなかで、「対話による時間稼《かせ》ぎ」だけで終わり、結果的に、北朝鮮の核・ミサイル開発が止まらなかった場合、アメリカのトランプ大統領は、どこかの時点で、まだ統一朝鮮ができる前に最終決断をするかもしれません。そういう可能性については、どう考えますか。

文在寅守護霊　もちろん、時間があれば、その間に「核の開発」が進む可能性はあるけれども、経済制裁もそれだけ長引くわけだから、もっと飢《う》えてくるわな。

実際に、食糧難でかなり死に始めているから、そんなに長くはもたない。あのままだったら、「革命」か「暗殺」が起きる可能性はかなり高いので、今はもう本当に「渡《わた》りに船」っていう感じかな。まあ、そんな感じだと思うよ。

里村　ほう。

綾織　具体的には、四月末に南北の首脳会談があるわけですが、この時点で、そういう統一に向けてのビジョンのようなものを発表するかたちになりますか。

文在寅守護霊　そうだなあ、まあ、ちょっと、あんな感じなのかな、オバマ大統領が登場したときのような感じになるんじゃないかなあ。私はたぶん、あんな感じになるんじゃないかな。

里村　はああ。そして、ノーベル平和賞ですか？

文在寅守護霊　うん、うん。だから、「朝鮮半島の平和を」と、こう訴《うった》えて、「その大義に基《もと》づいて動こうじゃないか」と。

こういうことで、（北朝鮮が）それを呑《の》めば、ある程度の援助もする代わりに、対話を続けて改善していくことで、「国際社会と言わず、アメリカや日本から護《まも》れるようにしてあげるよ」ということだわな。

及川　なるほど。

5　動けない日本の出方をどう見積もっているか

南北統一のためのお金は日本が出す？

及川　しかし、先ほど「買収」と言われましたが、韓国《かんこく》が北朝鮮《きたちょうせん》を買収するお金はありますか。

文在寅守護霊　いやあ、それは大丈夫《だいじょうぶ》ですよ。金を持っているのが後ろに〝もう一つ〟あるから。日本は金を出す以外に何にも機能がないから。

及川　あっ、日本から出させると？

文在寅守護霊　取るに決まってるじゃない。その予定を組んでるよ、当然だよ。だって、日本は戦う気がないんだから。金で解決したいんだからさあ。日本が平和になるんだったら、金を出してくるだろう？

及川　それは、核《かく》兵器で脅《おど》すということですか。

文在寅守護霊　え？

及川　核兵器で日本を脅して？

文在寅守護霊　だから、北朝鮮が持とうが、韓国が持とうが、核兵器を持たれたら日本は震《ふる》え上がるだろう？（どっちが持っても）同じだろう？

里村　なるほど。「韓国をバックアップしなかったら、半島の危険は消えませんよ」と、そのように日本に言って……。

文在寅守護霊　うん。そう、そう、そう。

里村　はああ。

文在寅守護霊　だから、文大統領だって、「核のボタンは机の上にある」と言うことができるわけだからさあ。

そしたら、安倍《あべ》さんは……、いやいや、日銀の黒田《くろだ》さんかもしらんけど、現金を運んでくるだろうよ、そらあ。

及川　日本が、「では、日本も核兵器を持ちますよ」と言ったらどうしますか。

文在寅守護霊　今の日本を見たら、そんなの間に合うわけないじゃん。君、何十年後の話だね？　まず憲法改正をしてから言ってくれよ。ありえない。その前に国がなくなってるわ。核兵器を持つ前に国がなくなってる。主権国家としても、なくなってると思うよ。

南北対話をしている間に、北の水爆《すいばく》は実用レベルになる

里村　ただ、先ほどもお話がありましたように、北朝鮮も切羽詰《せっぱつ》まっている状態です。

文在寅守護霊　うん。

里村　食糧《しょくりょう》の値段も徐々《じょじょ》に上がってきていて、この春以降、非常にそれがきつくな

ると見られています。

文在寅守護霊　うん、うん、うん。

里村　ただ、独裁国家の強みは、民主主義国家とは違《ちが》って、はっきり言って「国民が死んでも構わない」という体制だということです。

文在寅守護霊　まあ、そういうところもあるわな。うん。

里村　そのなかで、ある意味で軍部等だけが何とか残っていれば、それなりに延命はするわけです。それで、今の北朝鮮の状態を見ると、なかなか、国民から反乱が起きるような状態ではないと。

文在寅守護霊　うん。

里村　そうすると、文在寅大統領の守護霊様が今おっしゃったようなかたちで、ロードマップ（行程表）どおりに話が進んでいくかは疑問です。

このへんのシビアな見方に関してはいかがでしょうか。

文在寅守護霊　だからねえ、君らが恐《おそ》れなきゃいけないのはさあ、理性的な話し合いじゃなくて、（金正恩《キムジョンウン》氏が）感情的になったときだよ。金正恩は間違いなく〝プライドの男〟であるからな。

だから、プライドで、「どうせ潰《つぶ》れるんだったら、相討《あいう》ちでも構わない」というような気持ちになったときが、いちばん君らにとって怖《こわ》いときなんだよ。

里村　はい。

文在寅守護霊　（北朝鮮には）水爆《すいばく》はあることはあるので、今、話し合いをして時間を稼《かせ》いでるうちに、本当に完全な実用レベルまで行く可能性はある。

里村　それはあります。

文在寅守護霊　だから、水爆一発あれば、日本はだいたい終わりだからさ。もし東京に落とすことができたら、もう首都圏《しゅとけん》の三千万、四千万は終わりだから。これは壊滅《かいめつ》的で、日本は何十年も後退するよ。

里村　はい。

文在寅守護霊　もうほんと、一発だからね。

だから、南北が対話をしている間に、もう一、二年あれば十分に間に合う可能性はあるのでね。
だから、君らはいろいろ言うけど、日本は、「何としても、韓国に北を吸収してほしい。そのためには、お金を出す」って、絶対に言うと思うな。

里村　ほおお。日本はそう出るだろうと。

文在寅守護霊　うん。

日本の外交・国防上、二〇二〇年東京オリンピックは致命《ちめい》的

里村　まあ、安倍総理がそういう話を文在寅大統領としているとは思いませんが、今、非常に確信を持っておっしゃったので、何か、日本の政治家なり、どなたかなりと、そういう話をすでに……。

文在寅守護霊　もう駄目《だめ》だよ。日本は駄目だ。

里村　はあ。

文在寅守護霊　今年、平昌《ピョンチャン》（オリンピック）ぐらいでさあ、このくらいの道が拓《ひら》けるんだろう？　それで、二〇二〇年には東京オリンピックがあるんだろう？　これは日本にとって致命《ちめい》的だわな。

だから、東京オリンピックがある以上、「平和な国」でなきゃいけないので、安倍さんが思っている「タカ派路線」は、残念ながらペンディング（保留）になるね。そこ（東京オリンピック）にもまた北朝鮮が来るっていうことになったらさ、同じことが起きるから。

里村　なるほど。

文在寅守護霊　東京オリンピックになったら、敵対的にできないじゃない。だから、「憲法改正をし、さらに核ミサイルを持つ」っていうふうに、（日本の）マスコミや国民が動くわけないじゃないか。

里村　うーん。

文在寅守護霊　だから、二〇二〇年の東京オリンピックと、その前には今上陛下《きんじょうへいか》の退位（二〇一九年四月三十日）があるんだろう？　これは、国を挙げての大騒動《おおそうどう》だよな。だから、平和ムードをつくるしかないからさあ。

里村　なるほど。

文在寅守護霊　今、北がものすごい強硬《きょうこう》手段で、「日本に（ミサイルを）撃《う》ち込《こ》むぞ」というように脅してるときだったら、安倍さんの思いはやれるかもしれないけど、こういうふうに「対話路線」に切り替《か》えられたら、おそらく日本はもう、そういう動きができなくなるんでね。

それで、オリンピック以降の話に、また先延ばしになるので、その間に、話としては南北の間でそうとう「詰め」が進んでるわな。

里村　うーん、なるほど。

文在寅守護霊　もう駄目だね。

里村　東京オリンピックまで、もう一種の〝人質《ひとじち》〟に取って。

文在寅守護霊　東京オリンピックは、残念ながら日本にとってはマイナスになったね。あれがあるために、できないから。

里村　なるほど。

文在寅守護霊　軍事国家化なんかできない。

6　この独裁者時代に、国家統一で「新しい金日成《キムイルソン》」に

文在寅大統領は「主体思想家《チュチェ》」でも何でもほめるポピュリスト

綾織　南北の統一のプランについて、お伺《うかが》いしたいのですが。

文在寅守護霊　うん、うん。

綾織　一つ気になる話としては、今回のオリンピックのレセプションで、文大統領は挨拶《あいさつ》をされたわけですけれども、そのときに、「尊敬している人物」というのを挙げられました。

文在寅守護霊　うーん、ヘッ（笑）。

綾織　主体《チュチェ》思想、つまり「北朝鮮《きたちょうせん》は正当な国家である」という思想を持っている大学教授、思想家の名前を挙げて、その人を尊敬しているということをわざわざ述べられました。

文在寅守護霊　まあ、私はポピュリストだからね、そら何でもほめますから。

綾織　ああ、なるほど。

では、「北朝鮮が正当な朝鮮半島の国家である」というお考えを持っているわけではないのですか。

文在寅守護霊　いや、でも。そりゃ、だって、持ち上げないと、交渉《こうしょう》にならないでしょ？　「国家ではない」と言ったら、交渉にならないじゃない。

綾織　ああ。とりあえず、持ち上げて……。

文在寅守護霊　「ゲリラ集団」だとかさあ、そんなこと言ったら、交渉にならないじゃない。「テロ集団」だとか言ったんじゃ、交渉にならない。だから、それは、そう言うわけにいかんでしょう。あれはもう、合併《がっぺい》するつもりでいるんだから。

綾織　うーん。

文在寅守護霊　（北の人口は）二千万そこそこなんだからさあ。それは絶対、南の力が強いに決まってるからさ。

習近平《しゅうきんぺい》氏やプーチン氏に並ぶ「独裁者」を目指している？

里村　ただ、「ポピュリスト」と自《みずか》らおっしゃいましたが、例えば、今の文大統領の秘書室長などは、もう本当に、北朝鮮シンパというよりも、むしろ主体思想主義者……。

文在寅守護霊　いや、私もそれは一緒《いっしょ》だよ。

里村　えっ？

文在寅守護霊　だから、私だって、先ほど言ったように、在韓《ざいかん》米軍はやっぱりなくしたいから。

里村　ほお。

文在寅守護霊　で、日本の植民地支配に対する糾弾《きゅうだん》は今もやめていないし、言い続けてるから。

やっぱり、「韓半島の独立、防衛」っていうのはキチッとしないと、いつ、大国が……、ロシア、中国、アメリカ、日本などが、いつ、これを支配しようとするか分からないから。そういう意味での「主体《しゅたい》思想」っていうのは、私たちも持ってはいるよ。うん、一緒だよ。

及川　なるほど。

文在寅守護霊　それは一緒だ。うん。

里村　今のお言葉を聞いていますと、韓国というよりも、北朝鮮の指導者のような感じですね（笑）。

文在寅守護霊　いや、もう、「私の頭のなかでは統一されてる」ので、国としては。

里村　はい。では、その統一朝鮮というのは、文在寅大統領守護霊様のイメージでは、「自由で、民主主義的で、資本主義をベースとする国」というかたちであると考えてよろしいのでしょうか。

文在寅守護霊　いや、私はいちおう、何と言うかなあ、習近平《しゅうきんぺい》やプーチンみたいな感じになるしかないでしょうなあ。

里村　ほお。事実上の終身、要するに「独裁者」ですね。

文在寅守護霊　うーん、まあ、そらそうでしょう。基本的に、これだけの国家的偉《い》業《ぎょう》をなしたらね。「国家統一」というのは南北の悲願であって、これは戦後何十年もできなかったんだから、それをやったら、それは「新しい国家創設者」だな。

南北を統一したら「新しい金日成《キムイルソン》」になれる

里村　ただ、今回のオリンピック等を通じて、韓国の世論《よろん》に少し変化が出ています。

文在寅守護霊　うーん。

里村　特に、若者層では、「北と韓国は別の国だから、統一する必要はないんじゃないか」という声が……。

文在寅守護霊　ああ、それは一部で出てるよ。

里村　はい。選挙のときに文大統領の支持層であった若者からも出ているのですが、そのへんは、いかにお考えでしょうか。

文在寅守護霊　だから、前の保守派の大統領とか、あの一派を徹底的《てってい》に締《し》め上げてね。やっぱり、そちらの保守系のやつを弱らせて〝殲滅《せんめつ》〟してしまって、もう二度と政権に就《つ》けないようにして、私の考え方で未来永劫《えいごう》やれるかたちにしておけば、まあ、いけると思ってるよ。

そういう意味では独裁者になりますよ、私だって。

綾織　これは、単純に言えば、「北朝鮮と同じような国ができる」ということですね。

文在寅守護霊　いや、同じじゃないよ。やっぱりちょっと違《ちが》うよ。経済的には発展してるし、マスコミなんかも、もうちょっと発展してるしさ。それは、他の外国との付き合いもある韓国ですからね。それは一緒じゃないですよ。

綾織　うーん。

文在寅守護霊　だから、独裁国っていう意味では、アメリカだって、ロシアだって、中国だって、みんな〝独裁国〟なんですからね。国民が十億いようが、数億いようが、一緒なんですから。

里村　韓国の大統領は、任期が五年で一期限りと、限界が定められているので、おそらく急がれるだろうなと思ったのですけれども。

文在寅守護霊　「国家創設者」になるから、次はね。

里村　あっ、そうか。新しい……。

及川　（文在寅大統領は）憲法改正をしようとしているんですよね？

文在寅守護霊　だから、「新しい金日成《キムイルソン》」になるわけね、韓国のな。

及川　韓国の大統領の任期を四年にして、再選できるようにしようとされていますが、それは、守護霊様のお考えですか。

文在寅守護霊　まあ、こういうの、「終身制」が今の流れだからね。プーチンも終身皇帝《こうてい》を目指してるし、習近平も国家主席の任期をなくそうとしてるし。

里村　はい。

文在寅守護霊　まあ、トランプさんは、そうはいかないかもしらんけど、安倍《あべ》さんだって、基本的に、流れとしては何か考えてるよな、そんなふうな感じでな。

里村　まあ、自民党総裁の任期ですけど、延命を考えていると思います。

文在寅守護霊　うん。だから、日本としてはありえないぐらい、今、あれこれやって（安倍政権は）長く来てるわなあ。

7 「仮想敵国・日本」の植民地化、戦慄《せんりつ》の未来構想

南北統一に向け、北朝鮮《きたちょうせん》の「核《かく》ミサイル」を韓国《かんこく》が買い上げる

及川　ぜひお伺《うかが》いしたいのですけれども、韓国《かんこく》という国は、すでに裁判所やマスコミにも、左翼《さよく》といいますか、「北朝鮮《きたちょうせん》寄りの勢力がかなり入っている。国会議員にもそうとう入っている」というようによく言われるのですが、こういう人たちには横のつながりがあるのでしょうか。また、文大統領の配下にあるのでしょうか。

文在寅守護霊　うーん……。まあ、「左翼かどうか」っていう、そんなことは、私たちにはあんまり関係がないことで、「南北を統一したいと思っているかどうか」というだけ。

「分断のままで固定されればいい。そのほうが平和で安全だと思っている」か、それとも、「やっぱり、悲願として、統一したほうがいいと思っている」かっていう。

だから、統一するときには、いろいろリスクはあるし、マイナスも出るだろうけれども、それを我慢《がまん》してね、乗り越《こ》えて、ドイツみたいになれるか。そのへんが試《ため》されるところだわな。その意味では、長く政権運営をやらないと、できないだろうなあ。

綾織　先ほど来《らい》のお話では、「文在寅大統領ご自身から仕掛《しか》けている。それに北朝鮮が苦し紛《まぎ》れで乗ってきた」ということになっているんですけれども……。

文在寅守護霊　うん。うん、うん。

綾織　私どもも朝鮮半島関係はいろいろ取材をしているのですが、実は、去年の夏前ぐらいから、「北朝鮮は、昨年のうちに、ある程度、核《かく》ミサイルを完成させ、二〇一八年に入ったら融和《ゆうわ》路線を取って、韓国と話し合いを始める」という情報がすでにありました。

それは、脱北者《だっぽくしゃ》を支援《しえん》している人たちからの話なのですが、「北朝鮮の金《キム》委員長の考え方だ」と聞きました。

その意味では、北朝鮮側に仕掛けられて、乗せられている可能性があるのではないかと思うのです。

文在寅守護霊　まあ、それは、お互《たが》いねえ、考えている者としては、両方、影響《えいきょう》はあるだろうけどさ。政治っていうのはね、将棋《しょうぎ》みたいなもので、いろいろな指し方があるからさあ。

最後は、例えば、いきなり国家の統一ができなくとも、その前の段階として、

「友好関係で行き来が自由にできたり、話し合いができて、取引ができるような状態に持ってきたりする段階」もありえるかもしれないじゃないか。

だから、「核兵器云々《うんぬん》」って言ってるけど、例えばだよ、過渡期《かとき》の五年ぐらいの問題としてね、「まだ国家統一は怖《こわ》い」と向こうが思うかもしれないからさあ。そのときに、例えば、「北朝鮮の核ミサイルは韓国が買い上げる」ということだってありえるわけですからねえ。

里村　はあ……、買い上げ！

文在寅守護霊　ああ。韓国のほうに移動するわけですよ。韓国が管理するから買い取る、と。そういうことで、向こうは、お金が入るし、それで物資が手に入るわな。「買い上げるというかたちで、韓国が安全に管理しますから」ということで国際社会にはアナウンスして、「北の核を減らす」という実績をつくっていけばさあ、それは、「平和に向かってるんだな」とみんな思うだろうなあ。

里村　はあ！

統一朝鮮《ちょうせん》は、中国と共に〝日本の植民地化〟を進める

里村　そうしますと、われわれ日本人としても戦慄《せんりつ》すべき話があるんですけれども。

文在寅守護霊　それは戦慄してください。

里村　いや、もう先ほどから、たくさんあるんですが……。

文在寅守護霊　ええ、戦慄してください。

里村　これから、韓国が北朝鮮《きたちょうせん》と、首脳会談も含《ふく》めて、朝鮮半島の非核化の話を進めるとしますと、やはり、どこかで、文在寅大統領の側から、「在韓米軍の撤退《てったい》」という話は出てくるのでしょうか。

文在寅守護霊　それは出るでしょうね。

里村　この話は、もう中国が大歓迎《だいかんげい》する話です。

文在寅守護霊　もちろんです。

里村　そして、在韓米軍が撤退するというなら、当然、「アジアにアメリカの基地はあってはならない」ということになって、「沖縄《おきなわ》米軍をはじめ、日本全国の米軍基地の撤退」という話にも波及《はきゅう》していくと思いますが。

文在寅守護霊　それは、やっぱり、沖縄県民の希望に沿うことじゃないの？

里村　そうすると、「共産主義勢力に対する抵抗《ていこう》」という部分の力が、実質的に、この東アジアからは、ほとんど失われてしまうことになるのですが、それでも、韓国大統領は大丈夫《だいじょうぶ》ですか。

文在寅守護霊　いやあ、何言ってるの。中国なんか、もう「共産主義じゃない」んだからさあ。

里村　ほう。

文在寅守護霊　アメリカ以上の「資本主義国家」ですから。貧富の差なんか、もう何百倍と開《ひら》いていて、アメリカどころじゃないし、金儲《かねもう》けできるやつは、いくらでもできるようになっているので。あんなの共産主義なんて、嘘《うそ》っぱちさ。あれは、今、もうアメリカ以上の資本主義国家になっているので。アメリカが脅威《きょうい》でなくなったら、中国なんてコテッと変わっちゃうよ。まったく違《ちが》う国になるからさ。

実際、今、中国は〝アメリカに代わろう〟としてるところでしょ？　中東や中央アジア、あるいは、ヨーロッパまで支配下に置こうとしてるところだからさ。日本は、もう生き延びることだけを考えたほうがいいよ、なるべくね。

里村　いや、そこは本当にそうですね。

文在寅守護霊　うん。

綾織　では、「南北の統一国家は、中国の傘下《さんか》に入っていく」ということになるわけですね？

文在寅守護霊　うん？　いや、いや。それは天秤《てんびん》に載《の》せて……。

綾織　あっ、天秤に載せるんですね。

文在寅守護霊　アメリカも、それは大事だからさ。アメリカと中国は、両方、うまく天秤にかけますし、ヨーロッパもありますし。

日本だって、今、韓国と中国の観光客がなくなったら、とたんに不況《ふきょう》になるでしょうからねえ。

日本の〝植民地化〟を進めていますので、私たちは。韓国と中国がね、「日本で〝Buy Japan《バイジャパン》〟で、日本のものを買ってやることによって、日本の景気をちょっとは支えてやる」ということで、もう、百貨店から旅行社から、全部、陥落《かんらく》中じゃない? 今、ほとんどね。

里村　確かに、日本から韓国へ行く方はガーッと減りましたが、向こうからはたくさん来ています。

文在寅守護霊　うん、来てる。そらあ、いっぱい来てるよ。いや、私たちの視野には、もう、歴史の書き換《か》えは、やっぱりね、反対のことをしてやるのがいちばんなんだ。

里村　それは、〝日本の植民地化が進んでいる〟というようなご認識でいらっしゃるわけですか。

文在寅守護霊　そういうこと。だから、中国と合同でやれば、〝日本の植民地化〟

は可能だね。

里村　はあ……。

文在寅守護霊　韓国単独では、ちょっときついと思うけど。アメリカさえ撤退させれば、中国と統一朝鮮とで日本を支配することは可能だね。

仮想敵国・日本に「日帝《にってい》支配三十五年の苦しみ」を味わわせる

及川　直近のことにつきまして、少しお訊《き》きいたします。近い予定では、「今年の四月末に南北首脳会談がある」ということが出ていますが、その前に、アメリカと韓国の合同軍事演習がありますよね？

文在寅守護霊　うん。

及川　これは、どうされるおつもりですか。

文在寅守護霊　まあ、それは、向こうも「やってもいい」って言ってるからさあ、北朝鮮もな。

及川　北も「いい」と言っていますね。

文在寅守護霊　ああ。「いい」って言ってるから別に気にしてない。今、〝平和〟に向かって進んでるんだからさ。別に、演習自体は、やったってどうってことはない。

里村　いや、この演習について、一つ気になることがございます。それは、韓国政府の一部から、「今回の平昌《ピョンチャン》オリンピックと同じように、この米韓合同軍事演習に、北も一緒《いっしょ》に参加させようじゃないか」という声が挙がっていることです。

文在寅守護霊　ハハハハ（笑）、それは面白《おもしろ》い。面白いね。

里村　そういったツイッターが現れたりしているんですけれども。

文在寅守護霊　ああ。そうすると、もう（米韓合同軍事演習の）次の対象は、日本かな、中国かな。どちらかだなあ。

里村　そうなるんです。「この演習の目的、仮想敵国は、いったいどこなんだろう」ということになるわけです。

文在寅守護霊　うん。フフフフ（笑）。

里村　実際、以前、文在寅大統領が秘書を務められた盧武鉉《ノムヒョン》元大統領は、在職中に当時のアメリカの国防長官に対して、「仮想敵国は日本である」という発言をはっきりとしています。

その関係から言うと、今、私が聞いたかぎりでは、どうも、「統一朝鮮というのは、中国に対する備えとかではなくて、〝日本の植民地化〟が一つの大きな目的としてあるのかな」という感じがするんですけれども。

文在寅守護霊　ああ、中国には勝てないからさあ（笑）。だから、喧嘩《けんか》を売る気はないよ。戦う気もないし、占領《せんりょう》されたくもないけどさ。

里村　ほお……。

文在寅守護霊　ただ、日本はさあ、「日帝《にってい》支配三十五年の苦しみ」を一回、自分らも味わってみたほうがいいと思うなあ。ほかの国に支配されたら、どんな感じかさ。アメリカにも、ちょっと支配されたんだろうけど、あれじゃあ十分じゃなかったな。アメリカは、日本に対して与《あた》えすぎたよね。

やっぱり、日本人は、もうちょっと〝強制労働〟したほうがいいんじゃないか、本当に。

綾織　やや憶測《おくそく》にもなりますけれども、これでいきますと、金正恩《ジョンウン》委員長の思う壺《つぼ》なのかなと思います。

文在寅守護霊　ああ、そう？

綾織　また同時に、習近平《しゅうきんぺい》中国国家主席の思う壺なのかなとも思わされますね。

文在寅守護霊　いや、習近平なんて、日本みたいな〝ちっぽけな国〟、何とも思ってないだろう。ヨーロッパまで取るつもりでいるんだからさ。何とも思ってないよ。

綾織　何とも思っていないかもしれませんが、「太平洋の半分は支配したい」というようなことは言っていますので。

文在寅守護霊　まあ、中国は、最終はアメリカだけを考えてるだろうから、まず、前線基地である日本を潰《つぶ》すというのは大事なことだな、中国にとっては。日本は〝目の上のたんこぶ〟だから。ここのところをもう無力化して、こちらこそ、なるべく非武装中立化したいだろうねえ。

8 「平和ボケ日本」を陥《おとしい》れる各種工作

日本国内では、「安倍《あべ》政権に逆風が吹《ふ》く」よう仕掛《しか》けていく

里村　地上時間では、もうまもなく、アメリカに韓国《かんこく》の特使が行って説明するはずです。

文在寅守護霊　うん、うん。そうだね。

里村　それから、日本のほうにも、また別の特使が来て説明することになっています。今後、どのように日本政府に対して話しかけ、動かしていこうとお考えですか。

●アメリカに韓国の特使が……　本霊言収録日の2018年３月８日、金正恩委員長と会談した韓国特使が、その内容を説明するためにアメリカ入りした。

文在寅守護霊　まあ、安倍《あべ》さんの人気が下がっていくように、上手に誘導《ゆうどう》していくよ。

里村　確かに、安倍内閣は、今、森友《もりとも》問題のほうでも、財務省の文書の問題とかがいろいろと出ていて、また支持率に陰《かげ》りが見えてきています。このあたりは、はっきり言ってチャンスですか。

文在寅守護霊　やっぱり、日本の左翼《さよく》マスコミはちゃんと噛《か》みついてきたじゃないか。平昌《ピョンチャン》オリンピックをやって、平和の演出をしたらさ、すぐそちらのほうに乗って、噛みついてきたじゃない。

だから、「もう憲法改正は要《い》らないんじゃないか」とか、「日本の核《かく》武装やミサイル武装には、やはり反対」とかさ。

秋田の上を北朝鮮《きたちょうせん》のミサイルが飛んでいるのに、秋田の人たちは、「ここに、防衛基地というか、ミサイルを撃《う》ち落とす基地をつくられると、そこが狙《ねら》われる可能性がある」とかさ、沖縄《おきなわ》みたいなことを言ってるじゃない。

やっぱり、なかなか、日本人はみな、そういうエゴイストどもの塊《かたまり》だからさあ。自分らは防衛する気もない人たちだから。とにかく「事なかれ（主義）」なので。だから、だんだん、安倍さんに逆風が吹《ふ》くように仕《し》掛《か》けていくつもりでいるからさ。

里村　ああ、なるほど。

平昌《ピョンチャン》オリンピック終了《しゅうりょう》後、「左翼《さよく》系の新聞」が勢いづいたのはなぜ？

及川　先ほど、「二〇二〇年の東京オリンピックが、日本にとってはマイナスになるだろう」という話がありましたけれども。

文在寅守護霊　うん、マイナスになるだろうね。

及川　今回の平昌《ピョンチャン》オリンピックでは、ＩＯＣ（国際オリンピック委員会）がずいぶん北朝鮮に便宜《べんぎ》を図《はか》っており、お金まで出していますが、これは文大統領がうまく下でＩＯＣに仕掛けられたのでしょうか。

文在寅守護霊　まあ、そんなことを私がしゃべるわけないでしょう（笑）。そんなことを言うわけないでしょう。

及川　ＩＯＣは、けっこう、韓国と北朝鮮の側についていると見てよいのでしょうか。

文在寅守護霊　いや、いや。やっぱり、オリンピック関係は、政治からは独立していなきゃいけないからね。自由でなきゃ。「戦争中でも、平和の祭典はできるだけやりたい」っていうのがオリンピックの精神だからさ。基本的には、そうだから。

だから、「オリンピックが続けられているうちは、世界の平和が維持《いじ》できる。四年に一回でも何でも、やり続けている間は戦いを止《や》めよう」っていう感じがあるからさあ。彼らは、「オリンピックが続くかぎりは、平和を繰《く》り返しつくり出すことができる」という考えだから、そういう政治的な〝あれ〟に紐付《ひもつ》きにならないように、基本的には動くからさ。

及川　そこをうまく、文大統領が利用されたというかたちではないのですか。

文在寅守護霊　いや、私は利用なんかしませんよ、そんなの。まあ、流れを読むことはあるけど。

里村　いや、確かに、今回の平昌オリンピックというのは、〝オリンピックの政治利用〟ということで言うと、ナチスドイツが国威発揚《こくいはつよう》につなげて、その後、強い国家をつくって侵略《しんりゃく》を始めたベルリンオリンピック（一九三六年）に並ぶものかなと感じています。

そのへんもみな織り込《こ》み済みで、しかも、平昌オリンピックが終わるとすぐ、日本ではまた、先ほどおっしゃった左翼《さよく》系の新聞が、財務省の文書の問題で、一気に安倍政権を、ある意味で窮地《きゅうち》に追いやっています。保守のほうをですね。

文在寅守護霊　いや、そこまでは、私は関知してないよ、いちおうね。

里村　そうですか。

文在寅守護霊　いちおう。それは無理だわ（苦笑）。

里村　いやあ、よかったです。もう、そこまで仕掛けられたら、大変なことだと思っていましたので。

文在寅守護霊　そこまではできないわ、さすがに。それは無理だわ。それはおたくの国の問題だから。それは知らないわ。そこまでは知らないわ。

「統一朝鮮《ちょうせん》に自由や人権はない」「韓国《かんこく》大統領は天皇と同じ」

綾織　終了《しゅうりょう》の時間も近づいているのですけれども、統一朝鮮《ちょうせん》のことについて、少しお伺《うかが》いしたいと思います。

やはり、私たちは、北朝鮮の人権問題を大変な問題だと見ています。もう国民が収容所に入れられているような状態だと思いますし、実際の収容所もあるわけですが、この部分は、統一していくなかで解決していこうとされますか。

文在寅守護霊　いや、別に、南北とも国民の体質はほとんど変わらないからね。私たちだって、それは、朴《パク》前大統領を刑務所《けいむしょ》へ三十年ぐらい放り込むつもりでいるんだよ。

綾織　ああ、そのつもりなんですね。

文在寅守護霊　まあ、同じような国だよ。基本的には、敵は〝全部消す〟ので、一緒《いっしょ》。南北とも一緒ですから。

里村　いや、ただ、それは韓国《かんこく》の若者を中心に許さないと思います。今の大統領守護霊様のお言葉は、要するに、むしろ「北のほうに揃《そろ》えていく」という考え方ではないでしょうか。

文在寅守護霊　いやあ、それは、合体する以上は文化は混ざるでしょうよ、同じように。

綾織　混ざって、北のほうに合わせていくわけですね？

文在寅守護霊　そんなことはない。やっぱり、金を持ってるほうが勝つから。

綾織　うーん、そこは怪《あや》しいところですね。

里村　いや、お金を持っているほうが勝つとしても、どうなのでしょうか、今の「自由」や「人権」に関しては。

文在寅守護霊　そんなもの、別にアメリカが言っているだけであって、われわれは、もともと、そんなものないから。

里村　（苦笑）

文在寅守護霊　何言ってるの、日本だってないでしょう、本当は。

里村　なるほど。本音としては、そのように思っていらっしゃる？

文在寅守護霊　日本にはない。日本にあるのは〝平等〟だけでしょう？　自由なんて、もともとないじゃん、日本だって。

里村　日本には、確かに、制約はたくさんあります。ただ、日本では、例えば、「政治のトップを批判したら、それがすぐに刑法に触《ふ》れる」ということはないんですが、韓国は、大統領に対する……。

文在寅守護霊　侮辱《ぶじょく》罪だよね？

里村　ええ。

文在寅守護霊　〝大統領侮辱罪〟（罪としては「侮辱罪」、または、「名誉毀損《めいよきそん》罪」）だ。

里村　それが刑法に触れる、と。

文在寅守護霊　〝大統領侮辱罪〟があるね。だから、（韓国の）大統領っていうのは、君ねえ、天皇陛下《へいか》と同じなんだよ。

天皇陛下に対して失礼なことを書けば、日本の週刊誌（の新聞広告）だってね、黒塗《くろぬ》りで潰《つぶ》されるんだろう、いまだに。まるで戦争中みたいだよね。やっぱり、ちゃんと書けないいんだからさあ。「昭和天皇がいやらしい感じで描《えが》かれた映画がある」というようなことを書けば、それは、ちゃんと黒塗りで潰される。だから、戦争中と同じじゃないか、なあ？

里村　いや、それは、別に上からの指示ではなくて、その週刊誌の見出しがあまりにも汚《きたな》い言葉だったために、そこで新聞社側が判断したものだと思うんですよ。

文在寅守護霊　だから、私はねえ、元首に当たるわけだから、韓国においても、天皇陛下に言えないようなことを私に言ってはいけないわけよ。

里村　なるほど。

文在寅守護霊　君らねえ、立場がちょっと違《ちが》うのよ。安倍さんみたいな〝下の首相〟を替《か》えるのは、それは、いくらでも選挙で替えたらいいけど、私はもう替わらないで死ぬまでやるからね。

日本を悪者にすることで「祖国統一」を目論《もくろ》む文大統領守護霊

里村　今日のお話を聞いて、改めて、「文在寅大統領の守護霊様はそこまで考えているのか」と思ったのですが……。

文在寅守護霊　自信があるから。うん。

里村　ただ、トータルで言いますと、民族の悲願と言われる祖国統一に殉《じゅん》じるつもりがあるというよりも、「歴史に名を遺《のこ》す」とか、「自分が天皇陛下のような立場になる」とか、そうした「個人の栄華《えいが》」のほうを求めているようにも感じられるのですが、このあたりは、どうなのでしょうか。

文在寅守護霊　だから、金日成《キムイルソン》みたいな人物、まあ、別の国にはなっているけど、いやあ、私もなってみたいよ。ああいう感じにはなってみたいからさあ。それは、私の像が建つぐらいの気持ちはあるよ。

でさあ、結局、祖国統一をするためには、日本に悪者になってもらわないとしょうがないよなあ。

里村　はあ！

文在寅守護霊　ユダヤ人みたいにねえ。日本に「ドイツが排斥《はいせき》したユダヤ人」みたいになってもらって。そうすると、日本を敵とするところではタッグを組めるからさ。悪いけど、やっぱり日本をしばらく敵視させてもらうしかないですなあ。

里村　それは恐《おそ》ろしい言葉ですよ、「排斥したユダヤ人」みたいとは……。

綾織　少し気になるところとして、「韓国政府が水面下で、天皇陛下の退位前の訪韓を求めている」という話があります。

文在寅守護霊　まあ、それはねえ、前からね。

綾織　私たちとしては、「もし天皇陛下が訪韓されたら、非常に恐ろしいことが起きるのではないか」と思ってしまうのですけれども。

文在寅守護霊　もう〝上皇〟だろう？　〝上皇〟っていうのは、いつ死んでも構わないんだからさあ。国家的には、短いほど経費が少なくて済むじゃない、税金が。もし暗殺されたって、（次の）天皇がいるわけだから、別に困りはしないんで。二重政権ってけっこう難しいこともあるからね。もし韓国に来て暗殺されたところで、何にも損するものはないよ。大丈夫《だいじょうぶ》。

綾織　「そういうこと」も考えられているということを認識しました（苦笑）。

文在寅守護霊　いやあ、私は考えてないよ。だけど、そういう人も出てくるかもしらんし、北から潜入《せんにゅう》してやる人もいるかもしれないけどね。

綾織　なるほど。

文大統領守護霊がいちばん恐《おそ》れている韓国《かんこく》国内の勢力とは

里村　ここまで、将来の展望などについてお伺いしてきました。ただ、先ほど私が言ったとおり、韓国《かんこく》の若者のなかには、文在寅大統領への反発もあります。

例えば、以前あれだけの高支持率を誇《ほこ》った朴槿惠《パククネ》前大統領でも、一気に引っ繰り返って、先ほどおっしゃったように、「三十年間、収監《しゅうかん》される可能性もある」といった状況《じょうきょう》です。

要するに、文大統領も下手《へた》をすれば、「売国奴《ばいこくど》であった」ということで、かつて国民に〝吊《つ》るし首〟にされたムッソリーニと同じような将来に向かうかもしれないという恐《おそ》れも感じられます（注。文在寅氏守護霊は、以前の霊言《れいげん》で自《みずか》らの過去世《かこぜ》をイタリアの独裁者ムッソリーニだと証言している。『文在寅　韓国新大統領守護霊インタビュー』〔幸福の科学出版刊〕参照）。

文在寅守護霊　まあ、簡単に殺されないように用心するつもりでいるし、私だって暗殺される可能性はあるわけだから、いちおう警戒《けいかい》はしてるよ。北に対して融和《ゆうわ》策を取れば、私を暗殺したいやつが出てくるのは確実だから、警備体制は今、強化してますけど。

独裁者って、死ぬまでやるのが基本なんで、それを目指さないと。「殺されて死ぬまでだった」と言われたらそれまでだけど、やっぱり、「殺されずに死ぬまでやる」のが〝あれ〟で。ねえ？　プーチンさんだって、五回は暗殺未遂《みすい》があるっていう話だし、お隣《となり》の怖《こわ》い怖い中国の習近平《しゅうきんぺい》でさえ、もう六回以上はあるっていう話だから。まあ、力のある者はそういうことがあるけど。

それで、暗殺未遂なんかがあると、弾圧《だんあつ》がきつくなってくるのはしかたないよね。やるとしたら保守派のやつだろうから。それに、あなたがたが言った、私に反対してる若者。このあたりを中心に検挙しなきゃいけないわね、まずね。

及川　なるほど。そのために、今、保守派の弾圧をそうとう急いでやられているように見えるんですね。

文在寅守護霊　もちろん、そうですよ。根っこを断《た》たないといかん。

及川　文大統領（守護霊）がいちばん恐れている韓国国内の勢力というのは、どういう人たちですか。

文在寅守護霊　恐れ？　え？　何？

及川　「今のうちに潰しておきたい」と思う勢力というのは、どういう人たちですか。保守ですか。

文在寅守護霊　うーん。やっぱり、「日本から利益を食《は》んでるやつらは気をつけないといかん」とは思ってるわなあ。
アメリカ人は、韓国の政治とか、全然分かってないから。ほんとは何も分かってないので。

及川　韓国の軍隊はどうでしょうか。

文在寅守護霊　軍隊？　軍隊が怖いかって？　いやあ、軍隊は、それは給料が出てるんだからさあ、怖いったって……。そういうやつはクビで、〝粛清《しゅくせい》〟するしかないわな。

及川　粛清すればコントロールできると？

文在寅守護霊　うん、できる、できる。給料が出てるところに刃向かえないよ。

国際社会から日本を孤立《こりつ》させようとする「日本“ユダヤ人化”戦略」

里村　今の質問を言葉を換《か》えて再度お伺いしたいと思います。

文大統領は、将来を見据《みす》えて、いろいろな計画を考えられているかと思います。

文在寅守護霊　うん、うん。うん。

里村　そのなかで、「こういう事態は嫌《いや》だな」と思うことはありますか。例えば、「日本が、こういうふうになったら嫌だ」とか。大統領の計画に齟齬《そご》を来《きた》す要因としては、あえて言うと、どのあたりが……。

文在寅守護霊　うーん……、「嫌な」っていうことは、もうあんまりないけどね。例えば、平昌の冬季オリンピックに日本が参加拒否《きょひ》したり、安倍さんが来なかったりしてくれたほうが、もっとよかった可能性はある。

そうすると、南北で日本を非難できるし、「日本っていう国は非常に特殊《とくしゅ》な国で、世界から浮《う》き上がってる」っていう感じで、むしろ日本のほうを、（第二次大戦）前に国際連盟を脱退《だったい》したような感じで追い出せるからさ。

そちらも、もっと、そこまでやったらよかったのに、安倍さんのプライドが思いのほか低かったので、ちょっと残念だったな。

里村　ああ。ある意味で、日本が国際社会の……。

文在寅守護霊　のけ者なんだよ。〝ユダヤ人〟になってほしいわけよ。

里村　なるほど。孤立化《こりつ》ですね。

文在寅守護霊　うん、うん、うん。一人だけ変なことを言って、日本だけがね。

里村　逆に言うと、「そうでない方向に行くほうが嫌だ」と。

文在寅守護霊　アメリカのほうも、まあ、トランプも実業家だから、利益があると見りゃあさ、例えば、南北統一して、これで国土を開発する需要《じゅよう》が出て、巨大《きょだい》な事業が生まれると思ったらさ、乗り出してくるかもしれないじゃないですか。な？
　それに日本が反対してたらさ、日本は孤立するよな？

里村　例えば、日本が「アジアの自由化、民主化」といった大義を掲《かか》げて……。

文在寅守護霊　そんなもん、聞くわけないじゃない。七十何年前に、アジアを荒《あ》らしまくったのは日本なんだから、そんな大義なんか通るわけないでしょう?

里村　いや、荒らしまくったというか、韓国の近代化も進めた立場ではあるのですけれども。

文在寅守護霊　いや、韓国は国際的ですからね。従軍慰安婦《じゅうぐんいあんふ》の像をつくっても、韓国の慰安婦のためだけにつくってるわけじゃなくて。そこに招集されたアジアの女性たちや、日本の女性たちのためにも、従軍慰安婦の像をつくって祀《まつ》ってるんだからさ。

里村　要するに、それは、「日本のユダヤ人化」の一つの戦略なわけですね?　慰安婦像を各地で……。

文在寅守護霊　まあね。日本の女性のためにも、冥福《めいふく》を祈《いの》って建ててるわけですからね。ハハハ（笑）。

里村　なるほど。そこまで入って日本の孤立化を。

文在寅守護霊　〝国際化〟してるんですよ。

里村　いろいろとお聞かせいただきましたが、そろそろ時間ですので。

文在寅守護霊　ああ、そうですか。うん。

里村　非常に分かりやすいお話を頂きました。

文在寅守護霊　私は、「頭がいい」から、明確なんですよ。明快なんですよね、言うことが。
次の〝デブ〟のほうが、よっぽどねえ、何を言うか分からないし、あれは太りすぎてるから、もうすぐ死ぬんじゃないか？　痛風《つうふう》か何かをこじらせて。
そういう意味で、自動的に（北朝鮮を）吸収しちゃうかもしれないね。
里村　そのあたりは、金委員長の守護霊のほうに訊《き》いてみたいと思いますので。
文在寅守護霊　うん、うん。そうか。うん、うん。
里村　はい。今日はまことにありがとうございました。

9　大川隆法所感「文氏は、すごく上がったあと、ストーンと落ちる予感」

大川隆法　（手を二回叩《たた》く）というような感じで、ちょっと気分が高揚《こうよう》していらっしゃるようですね。

里村　はい。そうですね。

大川隆法　「非常にうまく術中《じゅっちゅう》にはまって、世界が動き始めた」といった感じのようです。

里村　はい。

大川隆法　ただ、予感としては、「この人は、すごく上がって、ストーンと（落ちて）行くような感じ」がしないこともないのですけどね。

里村　ええ。

第2章

金正恩《キムジョンウン》委員長守護霊《しゅごれい》の霊言《れいげん》

二〇一八年三月八日　収録

幸福の科学　特別説法堂《せっぽうどう》にて

金正恩《キムジョンウン》（一九八三？〜）

北朝鮮《きたちょうせん》の第三代最高指導者。金正日《キムジョンイル》前総書記の三男で、二〇一一年十二月の同氏の死去後、最高指導者の地位を世襲《せしゅう》。現在、朝鮮労働党委員長、朝鮮民主主義人民共和国国務委員長、朝鮮人民軍最高司令官等を務める。

質問者　※質問順

里村英一《さとむらえいいち》（幸福の科学専務理事〔広報・マーケティング企画《きかく》担当〕兼《けん》ＨＳＵ講師）

綾織次郎《あやおりじろう》（幸福の科学常務理事 兼 総合誌編集局長
兼「ザ・リバティ」編集長 兼 ＨＳＵ講師）

及川幸久《おいかわゆきひさ》（幸福実現党外務局長）

［役職は収録時点のもの］

1　〝軽い国〟を手玉に取る金正恩守護霊《キムジョンウンしゅごれい》

金正恩守護霊を招霊《しょうれい》する

大川隆法　さて、金正恩《キムジョンウン》氏は、文在寅《ムンジェイン》氏より三十歳《さい》も若いので、文氏の掌《てのひら》に乗せられてやられているのか、あるいはもっと悪いことを考えているのか、このへんについて訊《き》きましょう。

（金正恩守護霊《しゅごれい》は霊言《れいげん》をしに）六回も来ていて、そうとう慣れてきているので、口を滑《すべ》らせることも多いかと思います。

では、行きます。

（合掌《がっしょう》して）北朝鮮《きたちょうせん》の最高指導者、金正恩氏の守護霊をお呼びして、その本心を伺《うかが》いたいと思います。

北朝鮮最高指導者、金正恩氏の守護霊よ。幸福の科学にお出《い》でくださって、どうか、そのご本心を明かしたまえ。金正恩氏の守護霊よ。

（約五秒間の沈黙《ちんもく》）

「微笑《ほほえ》み外交」に転換《てんかん》した理由とは何か

金正恩守護霊　はあっ……。

里村　金正恩委員長の守護霊様でいらっしゃいますか。

金正恩守護霊　うん。

里村　何度もお越《こ》しいただき、ありがとうございます。

金正恩守護霊　うーん！

里村　今日は、ぜひお話をお伺いしたいと思っておりました。先ほど、文在寅大統領守護霊のインタビューを行《おこな》ったのですが、ご覧になっていましたか。

金正恩守護霊　うん、まあ、ちょっとはね。

里村　金正恩委員長の守護霊様は、文在寅大統領守護霊の高揚《こうよう》した感じと違《ちが》って、非常にどっしりと構えていらっしゃる感じがします。ぜひ、その自信というか、落ち着きの理由について、いろいろとお伺いしたいと思います。

今、「南北首脳会談が四月末に行われる」というニュースが世界を駆《か》け巡《めぐ》っていますが、この状態をどのようにご覧になっているのでしょうか。

金正恩守護霊　まあ、どう思ってるかは知らないけどさあ、私たちは、とりあえず、当座は経済封鎖《ふうさ》を破らなきゃいけないんでねえ。これで破れるんだったら、まあ、「一歩」だわなあ。

里村　ほお。

金正恩守護霊　経済封鎖をまず破ってしまえば……。韓国《かんこく》から物資が自由に入るようになれば、もう、ほかの外国からの経済封鎖は効かないからね、まずね。

里村　そうしますと、やはり、今回、南北首脳会談に応じたり、「微笑《ほほえ》み外交」のほうに転換《てんかん》されたりした要因の一つとしては、「経済制裁が効いている」という事情があるわけですね？

金正恩守護霊　まあ、それはあるわね。だけど、まあ、へへッ（笑）、美女軍団をちょっと送ったら、すぐにコロッと変わるんだ。南っていうのは〝軽い国〟だねえ。

里村　本当に大喜びでした。

金正恩守護霊　（笑）バッカ！　あの大統領はバカだからさあ、ほんとに。あいつの政策を支持するような振《ふ》りをしてやったら、すぐその気になってくるから。ハッハッハッハ（笑）。

私はねえ、あんな軽い指導者じゃないから。私が「法律」なんだよ。私が「憲法」なんだよ。私が「基本教義」なんでねえ。立場が違うことを全然分かってないようだな。フン（笑）。まあ、今はいいけどさあ。
もらえるものは、もらうつもりでいるから。

里村　そうすると、今は、わざと文在寅大統領を喜ばせたままにしておくと？

金正恩守護霊　とにかく持ち上げりゃあ、何か物を持ってくるから。間違いなく持ってくるからさあ。足りないものを「同民族援助《えんじょ》」、「支援」と称《しょう》していっぱい持ってくるだろう。まあ、もらうものだけ、先にもらっとかないといかんからな。

里村　今年に入って一気に方針転換して、オリンピックへの参加を決めたり、南北首脳会談に応じたりというのは、経済制裁が効いてきていて、そこに一つ風穴《かざあな》を開《あ》けるためということですね？

金正恩守護霊　うーん。

「文《ムン》大統領は、五分あればイチコロ」

里村　また、北朝鮮の核《かく》開発、ミサイル開発がいよいよ完成の域まで来ていて、早ければ年内にも完成とも言われています。そのための「時間稼《かせ》ぎ」という見方もあるのですが、これについてはいかがでしょうか。

金正恩守護霊　いやあ、「もう完成してる」と見ていいと思うから、そんなに時間稼ぎする必要はないいんだけど。

とりあえず、何て言うかなあ、うーん、世界のなかで孤立《こりつ》させられるのは敵《かな》わないからねえ。もうちょっと、美名の下《もと》にね、上手に〝出口〟をつくらなきゃいけないからね。

だから、韓国の大統領の理想実現に協力してやるようなかたちで、引き出すものをちゃんと引き出すということが大事だわね。

綾織　文《ムン》大統領守護霊は、「統一朝鮮」というのを一つの理想として掲《かか》げていましたが、それを少しは進めていく、あるいは北朝鮮主導でやるということですか。

金正恩守護霊　まあ、何を考えてるのかは知らないけどさあ。いやあ、私が、彼なんか五分で殺せる立場にあるということを分かってるのかなあ？

里村　五分で？

金正恩守護霊　うん。五分あればイチコロだよ。

里村　すなわち、指示を出せば、すぐにでも暗殺が行われると？

金正恩守護霊　うん。机に置いてあるボタンを押《お》せば、彼は五分後には死んでるんだよ。だけど、彼は私を殺せない。

里村　一年前に、金正男《キムジョンナム》氏が殺されたように……。

金正恩守護霊　いやあ、ちゃんと正々堂々とミサイルで殺しますけどね。

里村　あっ！　ミサイルですか。

金正恩守護霊　うん、もちろん。そんなもん、忍者《にんじゃ》みたいなことなんかやりませんよ。一国の大統領を殺すのに、毒ガスで口に蓋《ふた》して殺すなんて、そんなケチなことはしませんよ。向こうの居場所ははっきり分かってるから、ちゃんとミサイルで殺しますよ。

里村　うーん。

2 「非《ひ》核《かく》化？　あるわけないだろう」

「南北の対話」という大義があれば攻撃《こうげき》されないと見ている

里村　今回の南北対話では、「非《ひ》核《かく》化」、つまり「対話が続いている間は、核実験などをしない」とされていました。

ただ、われわれがいちばん知りたいのは、「金正恩委員長には、ミサイルも含《ふく》めた核兵器を捨てるつもりがおありなのか」ということです。

金正恩守護霊　あるわけないでしょう、そんなの（笑）。

里村　あるわけない？

金正恩守護霊　あるわけないじゃん（笑）。何言ってんの？
中国だって核戦力は拡大中だしさあ、ロシアだって核を拡大中だしさあ、アメリカだって拡大しようとしているなかで、なんで、それがなくなるわけ？

里村　確かに、核保有国にはそうした動きがありますし、特にアメリカはこれから中距離核《ちゅうきょりかく》を増強しようとしています。
ただ、今まで核を持っていなかった国が新しく持つことに関しては、抵抗《ていこう》が強いですし……。

金正恩守護霊　もうすでに持ってるんだから、「核保有国」として認めるかどうかだけの問題なのよ、国際的にね。「もうすでにあるもの」として認める。パキスタンが持ってる。インドが持ってる。しかたないじゃない。イスラエルが持ってる。

しかたないじゃない、持っちゃったら。潰《つぶ》せるかっていったら、潰せないわな？

綾織　文《ムン》大統領守護霊は、「南北首脳会談を通じて、自分が北朝鮮《きたちょうせん》の核を管理する」、あるいは、「買う」というようなことをおっしゃっていました。

金正恩守護霊　へえー、それはご苦労なことだねえ。どうぞ、どうぞ。やられたらいいわ。

いやあ、今、私らはミサイルをエジプトにまで売っていますのでね。そらあ、韓《かん》国《こく》が買ってくれるとありがたいですね。

綾織　ビジネスとして、ですね？

金正恩守護霊　うん。そらあ、ありがたい。「アメリカ製のに替《か》えて、北朝鮮製を使ってくれる」って、それはありがたいですよ、ビジネス的には。

里村　確かに、密輸船というかたちで、いろいろと出ています。

金正恩守護霊　うーん。

里村　「金正恩委員長は、アメリカのトランプ大統領の北朝鮮への攻撃《こうげき》もかなりプレッシャーになって、今回、南北首脳会談に応じるのではないか」とも言われていますが、やはり、トランプ大統領のブラフはかなり効いていたのですか。

金正恩守護霊　まあ、ちょっと狂《くる》ってるところがあるからねえ、あの人。〝マッド・ドッグ〟っていうか、〝狂犬《きょうけん》〟みたいなところがあるからさあ。その一割の狂ってるところが、ちょっと怖《こわ》いところはあるわね。何をするか分からないところが、ちょっとだけあるから。普通《ふつう》の人は、そこまでは行かないんだけどさあ。まあ、そういうのはちょっとあるけどね。

だけど、「南北が対話しよう」という大義を立てられたらさあ、攻撃はできないでしょう、基本的にね。

米国との対話は、あくまで「対等の立場」が条件

及川　「アメリカとの対話をしたい」とのことですが、アメリカとどういう対話をされようと思っているのですか。

金正恩守護霊　ああ、してもいいよ。してもいいけどね（注。本収録の翌日、トランプ大統領と金正恩委員長が五月までに会談すると報じられた）。

まあ、まずは対等ということが基本条件だからさあ。対等であるっていうことは、向こうだけ巨大《きょだい》な核国家で、こっちがゼロっていうのはありえないわね。それはあ

りえない。
だから、なくすなら、あちらの韓国からも（米軍の）核兵器をなくし、日本にも持ち込《こ》ませない。これはもう、はっきりさせないといけないわね。

及川　なるほど。ただ、アメリカ側は、あくまでも、「北朝鮮が核放棄《ほうき》を呑《の》むのであれば対話してもいい」と言っていますが、これに対してはどうお考えですか。

金正恩守護霊　まあ、これに対しては……、だからさあ、「グアムだって攻撃できる。ハワイだって攻撃できる。ロサンゼルスやサンフランシスコも攻撃できる。ホワイトハウスにも届く。実は東海岸にも届く。実験してみようか？　やめてほしいか？」っていうことだって、一つの条件だからな。

里村　ほお。

及川　いちおう、アメリカ側は、「まだアメリカの本土に届くものではない」と思っているようですが。

金正恩守護霊　甘《あま》いなあ。

及川　甘い？

金正恩守護霊　甘いなあ。アメリカの電子機器がまったく動かないような事態が、ある日突然《とつぜん》来たときには、びっくりするだろうね。

及川　それはパルス爆弾《ばくだん》というものですか。

金正恩守護霊　まず「ロシアがやったかな」とか疑うんじゃないですかねえ？

里村　それはパルス爆弾、あるいは、ハッキング、サイバー攻撃によるものですか。

金正恩守護霊　北朝鮮を軽く見て、「まだそこまで行かない」と思ってるから、「ほかの国がやったのかな」とか思うんじゃないの？

里村　まあ、そういうものは、ちょこちょこと起きてはいますが。

金正恩守護霊　それに、「アメリカ攻撃は非現実的だ」って、あなたがたが思うんなら、別に、（アメリカと）同盟している日本をいじめてもいいわけだからさあ。日本は、もう十分以内で終わるんだからさ。

これはもう、助けようがないわな。日本に対して、「いや、分かりました。非核宣言ですね。じゃあ、非核にしますから、北朝鮮の核を一斉《いっせい》に発射して、日本に全部撃《う》ち込んで、北朝鮮を〝核のない状態〟にします」と、私が腹をくったら、どうなるんだ？

里村　それは、日本にとっては恐《おそ》るべき事態ですけれども、ただ……。

金正恩守護霊　日本の国がなくなるよ。

3　各国首脳の動きを冷静に分析《ぶんせき》

「トランプは年《とし》だから、対話解決でホッとしている」

里村　ただし、そのようなことになれば、日米安保《あんぽ》が発動して、アメリカから一気に攻撃《こうげき》が来ますけれども。

金正恩守護霊　うん、私たちは韓国《かんこく》に逃《に》げ込《こ》むな。全員。

里村　逃げ込む？

金正恩守護霊　うん、それはそうだよ。

だからねえ、南から北を吸収しようとしてるけど、そうするとは限らないよね。北だって、まだ、地上兵力はいっぱいあるんだからさ。こちらのほうが南より大きいんだから。

だから、アメリカから核《かく》攻撃されると見たら、一斉《いっせい》に南に向かって軍隊と共に突進《とっしん》していって、〝一緒《いっしょ》〟になっちゃったら、もう攻撃できないからさ。ハハハ（笑）。

里村　なるほど。そうなると、ワシントンも狙《ねら》えるということにもなりますが、ただ、この事態を、トランプ大統領がそのままにしておくとは、とても思えないのです。

それは、かつてのキューバ危機もそうでした。当時はまだ、ソ連からミサイルを発射させても、アメリカまでは狙えなかったけれども、キューバからなら撃《う》てるということで、ミサイル基地を建設していたところ、ケネディ大統領が「核戦争も辞さず」で止《と》めました。そのときと同じように、また、アメリカが、もう一段、強く出てくるのでは……。

金正恩守護霊　まあ、ケネディは若かったからねえ、ほんとにやるかもしれなかったので。

里村　はあ。

金正恩守護霊　トランプはもう年《とし》だからさ、そうは言ったって、根気が続かないから。「対話して解決する」って言ったら、もう、ホッとしてるんじゃないか？　まだ（世界地図の）左にいっぱいあるじゃないの。中東とかさ、まだ戦争しそうなところがいっぱいあるしねえ。ロシアだって、まだ虎視眈々《こしたんたん》とやってるからさ。敵がいっぱいいるんだから。アメリカは敵だらけなんだからさ。ハハッ（笑）、どうにもなんねえよ。

及川　なるほど。ただ、そういうなかで、アメリカ国内では、「この南北の対話ムードに流されて、北朝鮮《きたちょうせん》に対する圧力を緩《ゆる》めてはいけない」と言われています。先ほど、キューバ危機の話もありましたけれども、「今の経済制裁をもっと一歩進めて、次は海上封鎖《ふうさ》したほうがよいのではないか」という声も出ていますけれども、これについてはどうですか。

金正恩守護霊　いや、金がかかって困ってるんじゃないの？　今、もうね、軍事の金を減らしたくてしょうがないんじゃないですかね。国家破産したら、昔のソ連と一緒みたいになるよ。

及川　でも、もし、北朝鮮の港を海上封鎖されたら、どうなりますか。

金正恩守護霊　うん？　何が？　だから、そのために今、韓国に〝穴を開けて〟るんじゃん。

及川　やはり、それは困るわけですね。

金正恩守護霊　うん。韓国から物が来りゃあいいんでしょ。

里村　なるほど。そうすると、やはり封鎖というものが、一つのきつい事実であるので、韓国という〝穴を開ける〟ということですね。

ロシア・中国と北朝鮮《きたちょうせん》の現在の関係性

金正恩守護霊　それに、ロシアだって、あれだよ。アメリカが完全に朝鮮《ちょうせん》半島を支配することには賛成じゃないからね。ロシアだって、今ちょっと、軍事的な緊張《きんちょう》は高めてるよ。やっぱり、「ユーラシア大陸の東で核戦争が起きる」っていうような事態に備えなきゃいけないからね。それにつけての戦争シフトは始まってるからさ。いやあ、ロシアが参戦してくれることだってありえるわけだからな。

及川　金正恩委員長は、以前から、プーチン大統領をたいへん尊敬されているということなんですが。

金正恩守護霊　ああ。

及川　今、プーチン大統領との関係はどうなのですか。

金正恩守護霊　うーん、まあ、今、「△《さんかく》」ぐらいかなあ。まあ、プーチンも、利益になるかならないか、一生懸命《いっしょうけんめい》に考えてるところだから。

アメリカのことは牽制《けんせい》しておきたいけどね。放置すると、EUなんかを通じて、ロシアを圧迫《あっぱく》してくるからね。まあ、それについては、(北朝鮮と)利害が共通する面もあるわなあ。うーん。

綾織　先ほど、文《ムン》大統領の守護霊は、「南北の対話を通じて、米軍の撤退《てったい》というのも出てくる」と言われていました。

金正恩守護霊　まあ、それは沖縄《おきなわ》県民と一緒だろう。それは、そうなんじゃないか？　そりゃあ、うっとうしいでしょうし、中国も喜ぶしねえ。

里村　そうですね。

金正恩守護霊　中国が、(アメリカから)THAAD《サード》(終末高高度防衛ミサイル)

とかを勝手に韓国に入れられて、怒《いか》り心頭《しんとう》だからね。

トランプさんの戦略が、「中国を窓口にして、北朝鮮に圧力をかける」ということだったのから、文さんが出てきたことで、「南北の自国民同士の話し合いで解決する」ということで、「アメリカにも中国にも口出しさせない」っていう方向に転《てん》換《かん》しつつあるわけだから。わが国にとっては有利になったんだからね、はっきり言って、かなり。

綾織　金委員長も、米軍の撤退というのは、南北対話を通じて求めていくというか、主張していくかたちになりますか。

金正恩守護霊　いやあ、もう、二、三万人しかいないから、撤退しようと思ったら簡単だし、経費がかかってるからさ。沖縄も撤退になるんだろう?　だから、退《ひ》いたらいいんだよ。グアムに行ったって、ミサイルが当たると死ぬからさ、みんな。

だから、グアムも撤退したほうがいいしね。うん。

「文《ムン》は使い出がある」「トランプは一期で終わる」と見ている

里村　今、お話にありました在韓米軍の撤退問題もそうですけれども、これから文《ムン》大統領と話し合われることになります。対話相手として、文大統領をどのように評価されていますか。

金正恩守護霊　まあ、上手に使えば、〝使い出〟があるかなあ。

里村　ほう。

金正恩守護霊　なんせ、アメリカにも、中国にも、北朝鮮にも、ええ顔をする人だからさ。そういう人物だから、みんな、どうするか分からないしね。

日本に対してだけ、今、嫌《いや》がらせをしている状態だな。

里村　そうですね。では、「使い出がある」ということですか。

金正恩守護霊　使い道がある。ちょうどいいのが出てきてくれた。本当に、韓国っていうのは、〝こんにゃく〟みたいな国だから、役に立つなあ。うん。ありがたい。

里村　なるほど。

綾織　今までの北朝鮮の核開発問題を振《ふ》り返ってみると、九四年に、アメリカが攻撃するかどうかという危機が一つありました。

これをやり過ごしたあと、二〇〇五年に、また

1993年、北朝鮮が「核拡散防止条約」（ＮＰＴ）からの脱退を宣言。国際社会に緊張が高まるなか、翌94年に同国を訪問したカーター元米大統領（中央）は金《キム》日成《イルソン》国家主席と会談し、核開発凍結の合意に至った。

同じような核の問題が起き、アメリカはどうするかということが協議されたわけですけれども、結局、北朝鮮は、「いったん放棄《ほうき》して、何らかの援助《えんじょ》を得る」ということの繰《く》り返しだったわけです。

それで、そのまま十年間も生き延びたという流れがあるのですが、今後のことを考えると、「北朝鮮は、今回をやり過ごすと、また十年間、生き延びられる」という計算になります。

金正恩守護霊　うーん、まあ、そこまで行ってないけど、トランプ大統領の評判が、国内でものすごく悪いじゃないか。まあ、外国でも悪いけどさあ。

だから、今年、二年目に入っとるけど、四年一期でだいたい終わりと見ているから。四年を過ぎ越《こ》せば、次はどうせ、民主党大統領が出てくるだろうからさ、この

2005年9月19日、6カ国協議の閉会に際し、握手を交《か》わすヒル米国務次官補（左）と金桂冠《キムゲグァン》北朝鮮外務次官（右）。このとき、北朝鮮はすべての核兵器と核計画を放棄し、核拡散防止条約と国際原子力機関（ＩＡＥＡ）査察に早期に復帰すると確約した（中国・北京）。

ほうがやりやすいわな、すごくなあ。

だから、トランプのときに、狂犬《きょうけん》が狂犬病で噛《か》みついてくるのだけは、ちょっと避《さ》けなきゃいけないんで。あと二、三年、ちょっと上手に南と対話している姿勢をつくって、何か条件交渉《こうしょう》してるうちに、トランプはいなくなるから、そのときはチャンスだねえ。

里村　なるほど。

金正恩守護霊　私は若いもん。三十五だから。

里村　確かに。時間を味方につけて、そして勝てると。

金正恩守護霊　うん。だから、私はまだやってるけど、彼はもう、一期で終わりよ。

年だからさあ。一期やったら、もう、七十四にもなるから。

「嘘《うそ》つきの文《ムン》大統領は、国連制裁の陰《かげ》で北朝鮮《きたちょうせん》を援助《えんじょ》する」

里村　ぜひ、そこのところを、もう少し具体的にお伺《うかが》いしたいのですけれども。まだ、いろいろと紆余曲折《うよきょくせつ》があるとは思いますが、仮に、四月の終わりに南北対話が行われたとします。今後、南北統一の話も、そこから出てくるのかは分かりませんが、どのような道筋《みちすじ》を考えていらっしゃるのでしょうか。

金正恩守護霊　いやあ、だから、まだそんなに急には進まないだろうけど。（首脳会談を）四月にやったところで、南からは、共同で事業をするやつを開発するような……、工業とかね、そういうのをもっとやろうというような話でしょ？　どうせ。「雇用《こよう》を生んでやろう」という話と、「食糧援助《しょくりょうえんじょ》」、それから「財政的な援助」等で。まあ、人道的な部分での援助、絶対に、数字が出てくる援助は出ると思うんです。

それで、北のほうは、「文《ムン》大統領がいる間は、韓国に対して核ミサイルは撃ち込まないようにする」と。このあたりで取引だな。

里村　なるほど。

及川　でも、いちおう、韓国も国連加盟国であり、今、国連は一致《いっち》して、北朝鮮《きたちょうせん》に経済制裁をすることになっていますから。

金正恩守護霊　あの、いちおう、うちも国連（加盟国）なんですけど。

及川　まあ、そうですけどね。ただ、いちおう、北朝鮮に対しては経済制裁をすることになっているので、「韓国は、国連の安保理違反《いはん》をした」ということになってしまうのですが。

金正恩守護霊　いやあ、あの大統領は、実にいい大統領でねえ。〝嘘《うそ》つき〟だから大丈夫《だいじょうぶ》なんだよ。

里村　（笑）

及川　ですが、おそらく、そんなものは、すぐに見つかってしまいますよ。

金正恩守護霊　大丈夫、大丈夫だよ。あれはほんとにねえ、嘘つきだから。

里村　嘘つきですか。

金正恩守護霊　大丈夫、大丈夫。もう、二重、三重になってるから。うん、うん。

及川　では、うまくやってくれると思っているわけですね？

金正恩守護霊　大丈夫、大丈夫。知らないところで、ちゃんとやってくれるから大丈夫です。

4　時間稼《かせ》ぎをしている狙《ねら》いとは

戦略①――トランプの任期が終わるまでは上手に「かわす」

里村　金正恩委員長は、平昌《ピョンチャン》オリンピックの開会式に、妹の与正《ヨジョン》さんを送り、そして、閉会式には、よりによって、韓国《かんこく》の哨戒艦《しょうかいかん》を沈没《ちんぼつ》させたテロの首謀者《しゅぼうしゃ》とされている金英哲《キムヨンチョル》氏を送りました。

つまり、普通《ふつう》だったら、韓国はとても受け入れないだろうという人物を、わざと送られたわけですが、私は、それを日本から見ていて、「金正恩委員長というのは、非常に上手な人だな。老獪《ろうかい》だな」と思ったのです。

金正恩守護霊　うーん。もっと老獪なところを見せてやるからさあ。文《ムン》大統領が平《ピョン》壌《ヤン》の土を踏《ふ》んで、無事に平和会談をして、戦果をあげて帰ってきたように見せてやるぐらいの演出はしてやるつもりでいるから。

里村　いや、今回は、平壌どころか、いちおう韓国側の領土になりますけれども、板門店《はんもんてん》の「平和の家」にまで出向かれるということで、これは、本当に異例中の異例に……。

金正恩守護霊　だから、とりあえずねえ、トランプの一期目が終わるまでは、上手に、上手にかわさなきゃいけないとは思ってるんだよ。

里村　なるほど……。

戦略② ―― 時間を味方につけ、アメリカに口実を与《あた》えない

綾織　それでいきますと、去年の四月末に、幸福の科学の大川隆法総裁が、「アメリカから北朝鮮《きたちょうせん》に攻撃《こうげき》をするのなら、今だ」というようなことを述べられました（二〇一七年四月三十日「立党8年目の真実」）。

やはり、「行動するのであれば、早いほうがよかった」ということになるわけですよね。あとになればなるほど……。

金正恩守護霊　できないよ。次、天皇の退位から、東京オリンピックだろう？　何もできないよ、それは。できない、できないよ。

綾織　あとになればなるほど、日本もアメリカも追い込《こ》まれていくと。

金正恩守護霊　うん。その間に、トランプさんの任期が終わるからさあ。アッハハ（笑）。

準備万端《ばんたん》だから。次の民主党の大統領、歓迎《かんげい》するね。いい人が出てくるんじゃないかな、きっとな。

里村　はあ！

及川　アメリカ側は、トランプ大統領だけではなく、トランプ政権の国防長官なども、「あまり時間がない」、トランプ大統領の任期どころか、「今年の夏ぐらいまでしか時間がない」というように見ているようなのですが。

金正恩守護霊　まあ、去年は去年でさ、「もう年末に」とか、「もっと早く」とか言ってたからさ、どんどん延ばしてる。トランプだって、戦いたくねえんだよ、ほんとは。戦って、世界からヒットラーみたいに言われるのが嫌《いや》なんだよ、ほんとはね。あれだけ悪口を言われてるんだから、気にしてる証拠《しょうこ》だよ。

及川　では、「トランプ大統領は戦ってこないだろう」というように見られているわけですね?

金正恩守護霊　そう思うけど、ただ、口実を与《あた》えないようにしなきゃいけないよね、上手にな。口実を与えない。だから、平和裡《り》に交渉《こうしょう》してる。「外交をやってる間は戦争にならない」からね。外交はやるよ。

里村　その意味では、やはり、言い方は悪いですけれども、「時間稼《かせ》ぎ」ということなのですね?

金正恩守護霊　いや、時間は自分らの味方だと思ってるよ。時間はね。ただ、食糧《しょくりょう》とか、そういうところに、ちょっと問題があるからさあ。韓国から、そこに〝穴を開ける〟必要があるからね。韓国から〝バイパス〟を開けてね、食糧とか、人道支援《しえん》ということに関しては、いくらでもやるという。ここは取り付けるつもりだから。

及川　なるほど。

金正恩守護霊　年内にね。

5 「文《ムン》は刑務所《けいむしょ》に、日本は左翼《さよく》の国に」

及川　朝鮮《ちょうせん》半島統一後、文大統領は刑務所入り？　外交のところについて、少しお訊《き》きしたいのですけれども。

金正恩守護霊　ああ。ああ、ああ。

及川　平昌《ピョンチャン》オリンピックの開会式のころに、アメリカはペンス副大統領を送りましたよね。そして、北朝鮮《きたちょうせん》は、妹の金与正《キムヨジョン》さんや、金永南《キムヨンナム》さんを送りました。

どうも、二月十日に、ペンス副大統領と、北朝鮮の代表団との秘密会談が予定されていたようなのですが、直前になって、北朝鮮側がキャンセルしたということが、アメリカのほうから発表されていますね。なぜ、キャンセルされたのですか。

金正恩守護霊　知らんね。そんなことは知らない。知らないけどさ、アメリカは、まあ、急ぐからさあ。交渉《こうしょう》したらすぐ結果を出したがるからさ。私たちは、やっぱり、「引き延ばす」ことが大事なので、今。

及川　アメリカとは何を交渉しようとされていたのでしょうか。

金正恩守護霊　ううん？　まあ、ちょっと無理だろうよ。そらあ、そんなねえ、そのレベルで妥結《だけつ》できるような案件じゃないからさ、それはね。だから、とにかく時間を稼《かせ》がなきゃいけないんでね。

まあ、これでかなり、韓国《かんこく》との関係の改善推進派が増えてきたから、とりあえず、国民は今のところホッとしてるかなと思ってるけどなあ。

里村　今日は、「時間」というものを非常に強調されています。以前にもお話をお伺《うかが》いしたことのある立場としては、「そうとうきつくなっていたのだな」と感じるのですけれども。

金正恩守護霊　だから、〝いい大統領〟が韓国に出てきたね。彼が出なかったら、もう終わってたかもしれないから。終わる可能性が高かったね。

里村　ああ、なるほど。

金正恩守護霊　いやあ、韓国民は〝正しい判断〟をして、〝いい人〟を選ぶねえ。

里村　先ほど、文在寅《ムンジェイン》大統領守護霊は、「私は金日成《キムイルソン》のようになるのだ。私のでかい像を建てたい」とおっしゃっていました（本書第１章参照）。

金正恩守護霊　いいじゃない、そんなの。私のもどうせ建つんだから。うん、いいよ。建てたらいいじゃん。

里村　建てたらいいと？

金正恩守護霊　うん。私も建てるから。どうせ建つから。

里村　南北統一については、文在寅大統領守護霊も、地上の文在寅大統領も非常に強い意志をお持ちですが、これについてはいかがですか。

金正恩守護霊　ああ、はい、はい。（文在寅大統領は）六十五（歳《さい》）なんだよな。

分かっとんのかな。私は三十五なんだよ。統一したあと、指導者になるのはどっちか分かってるのかな。アッハッハッハッハッハッハ（笑）。

あちらは、もうすぐ終わるからさ。あっちも、もう七十になったら終わるよ（笑）。終わってるよ。で、刑務所《けいむしょ》に入ってるから、どうせ、韓国のは。

綾織　南北を統一するところまで考えていらっしゃるわけですね。

金正恩守護霊　うん、考えてはいるよ。

綾織　それは、どういうプロセスになるのでしょうか。

金正恩守護霊　だから、何て言うか、国際的に完全に孤立《こりつ》しすぎるとちょっとまずいけども、まあ、韓国と合意の下《もと》に〝結婚《けっこん》する〟ということであれば、別に問題ないじゃない、世界に対しては。

韓国の経済力や物資、資金、このへんを手に入れることができれば、われわれとしては、あとは存続できるからさ。

及川　それは、ある種の連邦《れんぽう》制のようなイメージですか。

金正恩守護霊　いやいや、そんなことはないですよ（笑）。連邦制なんて、われわれには向いていないから、あんまり。

及川　では、「韓国も北朝鮮と同じような体制にする」ということですか。

金正恩守護霊　まあ、それはね、今後の腕《うで》の見せどころだから。

里村　いやいや、その「腕の見せどころ」は、どのように見せられるのかをお伺いしたいのですけれども。

日本を憲法九条の国のまま永久保存し、〝世界遺産〟にするよう工作中

里村　そうすると、例えば、いちばん分かりやすいのは「投票型民主主義」という体制ですけれども、そこに関しては、統一朝鮮では変えていくおつもりですか。

金正恩守護霊　とりあえずね、でも、日本には、やっぱり、〝悪者〟になっていただかないと。申し訳ないが。「日本が〝悪者〟になる」ということ以外に統一の原理が働かないのでね。「アメリカと戦う」ということで統一っていうのはちょっときつい。「日本を敵視して戦う」ということで統一するっていうのは可能なのでね。まあ、そういうふうに持っていきたいとは思っています。

里村　文在寅大統領守護霊も同じようなことをおっしゃっていました。実際に、慰《い》安婦《あんふ》問題などの歴史的な話や、日韓併合《へいごう》時代の話を持ち出して、「抗日《こうにち》」というものを強く正当化しているのですけれども、同じようにされていくわけですか。

金正恩守護霊　今、情報員っていうかなあ、スパイはたくさん日本で動いてますけどね。安倍《あべ》さんのタカ派路線をうまいこと引っ繰《く》り返して、追い落とすスタイルをつくろうと、今、考えてるところなんでね。

日本は「憲法九条」が大好きだからさあ。「憲法九条」の国のままで〝永久保存〟して、〝世界遺産〟にしてやるのがいいことだから。

綾織　日本に対して、そういう工作をされているということですか。

金正恩守護霊　してるよ。それはしてるよ。ずっとやってるよ。

綾織　なるほど。

金正恩守護霊　うん。憲法九条の国で〝世界遺産〟になって、そのまま〝凍結《とうけつ》〟したらいいじゃない。マンモスみたいになって、氷漬《づ》けでね。

里村　日本では、今、財務省の文書問題で安倍首相が窮地《きゅうち》に立たされています。そのあたりでも、そういう暗躍《あんやく》があるのですか。

金正恩守護霊　いやいや、私がやってるわけじゃないけど。それは、日本にも左翼《さよく》勢力があるわけで、左翼マスコミは、今、ちょっと出口がないからさ、そっちに回ってきてるんだろう。

だから、実際は別の問題なんだけど、ほんとは北朝鮮に対するタカ派路線を潰《つぶ》したくてやってるわけで、頭を攻撃《こうげき》しないで尻尾《しっぽ》のほうから、お尻《しり》から攻撃してるようなもんだろうからさ。

とりあえず、日本の左翼は健在だからさ。

それから、天皇陛下《へいか》もさ、立憲民主党か何か知らんけど、「憲法九条維持《いじ》」のスタイルだね。国民の総意に基《もと》づいてなってる天皇陛下が、そういうお考えなんだろうからさ。安倍政権と敵対していらっしゃるから、国家元首がさあ。

それは上手にいろいろと暗躍してるよ。在日は百万人ぐらいいるからね。いろんなところで楔《くさび》を打ってるよ。だから、「北朝鮮系の学校には日本の税金を入れろー」ってやってね、「幸福実現党の学校には税金を入れるなー。認めるなー」と。エヘヘヘッ（笑）。どこでやってるか知らないけどさ。ハッ。

今年は友好ムード演出で、日本の憲法改正や防衛構想を「流す」戦略

里村　いちおう、日本の政治日程のなかには、来年の今上《きんじょう》陛下のご退位の前に、国

民投票で憲法九条を変えようという意見もあって、自民党の安倍総理も非常に強い意志を持っているようです。

そちらのほうに変わったときは、年内にも憲法九条が改正されることになります。改正案そのものは、われわれにとっては素晴《すば》らしいものではないのですが、このへんの動きについてはどう思われますか。

金正恩守護霊　いやあ、これは崩《くず》さなきゃいけないので、日本の左翼マスコミを力づけるための材料をつくり出すことは努力します。

だから、南北対話みたいなのをすごく演出して、「平和ムード」を演出して、「平和は、やっぱり、何ものにも代えがたい」ということにして、そのタイミングを外させようと思ってるんで。

もちろん、アメリカのトランプの攻撃も止めなきゃいけないけれども、その前に、安倍さんのほうのその憲法改正、それから抑止力《よくしりょく》としての核《かく》兵器、あるいは、その前の中距離《ちゅうきょり》ミサイルもつくるとか言ってたけど、このあたりも全部流してしまう必要があるから。

今年は、南との友好ムードをつくって、そのへんのタイミングを外してしまえば、天皇退位と、あとは東京オリンピックで、もう、そういう「タカ派路線は取れなくなる」から。だから、それが〝狙《ねら》い〟だね。うん。

里村　ということは、今、金正恩委員長が発表しているように、表面上は、核実験やミサイル開発などは、しばらく止める方向の融和《ゆうわ》路線で行くのでしょうか。

金正恩守護霊　うん。別にどうってことはないんですよ。あれを一発撃《う》てば、けっこう何十億も要《い》るんだからさ。うちらだってお金は惜《お》しいからさあ、そんなに意味のないことをしたいわけじゃないから。うん。

安倍《あべ》政権を天皇陛下《へいか》と〝心中〟するかたちで消してしまいたい

里村　逆に、それで、安倍《あべ》政権のほうに国防の口実を与《あた》えないということですか。

金正恩守護霊　うんうん。だから、トランプの引退も、もちろん望んでるけども、とりあえず、安倍政権を天皇陛下《へいか》と〝心中〟するかたちで沈《しず》めてしまうというか、消してしまうことを考えてるから。うん。

綾織　意外と、そういう工作が入っているのではないか……。

金正恩守護霊　やってる、やってる。

綾織　と言われているのが、沖縄《おきなわ》のところなんです。

金正恩守護霊　うん。それは、もうずいぶんやってるよ。

綾織　主体《チュチェ》思想を信奉《しんぽう》する日本人がたくさんいて、北朝鮮にもけっこう訪問しています。そのつながりで、米軍基地の反対運動もかなりやっています。

金正恩守護霊　いや、北朝鮮はもともと、日本にとっては「理想の国」だったからねえ、昔の全学連の安保《あんぽ》反対闘争《とうそう》のときは。だから、安保反対が正しかったんだよ。

綾織　うーん……。

金正恩守護霊　ベトナム人を殺したりさあ、ああいうのはよくなかったんだよ。うん。

里村　いや、それはただ、当時の北朝鮮のプロパガンダと、それに乗った日本のマスコミや教育界があったというだけのことですけれども。

金正恩守護霊　もし、北朝鮮にねえ、もう核の雨を降らせてさ、皆殺《みなごろ》しにするっていうんだったら、それは、ベトナムに焼夷弾《しょういだん》を落としてさあ、ナパーム弾とかで農民を焼き殺したのと同じ現象が出るから。ＣＮＮがそれをいっぱい報道してくれたらさあ、「(アメリカは) なんて残酷《ざんこく》な国なんだろう」って、自分のことを思うだろうから。アメリカのなかで、銃《じゅう》の乱射ばかりがいっぱい起きるよ。うん、きっと。

綾織　今年、沖縄県知事選もありますし、直近では、石垣《いしがき》市長選もありますが、左翼系で、北朝鮮からの影響《えいきょう》のある候補者が勝つという予想もあります（注。三月十一日投開票の沖縄県石垣市長選は、石垣島への陸上自衛隊の配備を容認している、現職の中山義隆《なかやまよしたか》氏が当選。保守再選となった）。やはり、沖縄は、非常に重視されているのですか。

金正恩守護霊　まあ、韓国は韓国で、独自にまたちょっと日本の島とかを取る気持ちがあるし、中国は中国で、そういう気持ちを持っているし。

私たちはそこまで頭は回らないんだけども、まあ、日本をね、できるだけ「左」のほうに持っていかせるっていうことは、やっぱりやってますよ。

里村　なるほど。

6　まだ隠《かく》し持っている外交カード

気がかりは、アメリカと中国が「ウィン・ウィン」の関係になること

里村　今、中国という名前が出たのですが、今回のこの南北対話実現への発表の前に、中国では、習近平《しゅうきんぺい》国家主席が、国家主席の任期をなくし、事実上の皇帝《こうてい》化を図《はか》っています。このあたりの絡《から》みというのは、前回、昨年十月の霊言《れいげん》のときに、守護霊様は、習近平氏の動きを非常に気にされていました。要するに、「こいつは、もう危ない」というような感じでご覧になっていたのですけれども、今は、どうなのでしょうか。

金正恩守護霊　うん。これも、年齢《ねんれい》上、同じ問題だからさ。私の時代がこれから来

●昨年十月の霊言……　2017年10月11日「金正恩の守護霊霊言」を収録。『守護霊インタビュー　金正恩 最後の狙い』（幸福の科学出版刊）所収。

るからさ。まあ、（習近平は）いなくなるでしょ。終身制ったって、もう先は見えてるから（笑）。うん。

里村　ということは、逆に言うと、習近平氏の権力がさらに強くなるということには、やはり、一定の警戒心《けいかいしん》をお持ちだということですか。

金正恩守護霊　まあ、ちょっとアメリカとの関係があるんで。中国が、アメリカと（の関係を）密にしたほうが利益が大きいと思って、完全に北を見切ってしまうか、あるいは、戦争の危険があるので、やっぱり北を少し残しておきたいと思うか。まあ、そのへんは、彼の一存にかかるからさあ、ちょっと何とも言えないけど、中国との関係は、昔より悪くなっているのは確実だわなあ、それはな。

里村　なるほど。そうすると、これは日本としても、ちょっと難しいところがありますが、金正恩委員長としては、アメリカと中国が、ある程度、「ウィン・ウィン」の関係で話を進め始めるかもしれないというあたりが気がかりだったのですね？

金正恩守護霊　ああ。

「日本の立憲民主党は好きで、ありがたい政党」

金正恩守護霊　いや、日本だってあれじゃないか？　次、立憲民主党の首相が登場して、新しい天皇陛下《へいか》になったりしたときには、北に対して「人道的支援《しえん》を」とか、やっぱり言うかもしれないよ。

綾織　立憲民主党がお好きなんですね？

金正恩守護霊　そりゃそうですよお。

綾織　そうですか（笑）。

金正恩守護霊　それはありがたい話ですよ。

里村　おお。

金正恩守護霊　ありがたい、ありがたい政党だと思いますよ。

里村　それはどうしてなのでしょうか。枝野《えだの》党首が……。

金正恩守護霊　思想が、「日本の国体を変えない」っていうことでしょう？　それはありがたいことですよ、戦えないんだから。憲法で、自分たちが戦わないことを規定している国家なんて、もう〝天然記念物〟だなあ。ほんとね。

里村　そうですね。

金正恩守護霊　ほんとに、ありえないことですから。自分で防衛できないんでしょ？（笑）戦争できないんでしょ？　国を護《まも》るために戦えないんでしょう？　え？　ありえないじゃん。アハハッ（笑）。こんな面白《おもしろ》い国、できるだけそのまま〝冷凍保存《れいとう》〟しなきゃ。

及川　立憲民主党と、何か直接的なつながりや支援などがあるのですか。

金正恩守護霊　まあ、選挙ではね、ちょっとね。日本国内にいる人たちは、そらあ、応援していると思いますよ。うん、それはそうだ。

及川　日本国内の在日朝鮮人《ちょうせんじん》のことですか。

金正恩守護霊　ああ、うん、うん、うん。それはそうしてると思うよ。あとは、公明党あたりも、ちょっと安倍《あべ》政権のほうに寄りすぎてるからね、少し離《はな》さなきゃいけないっていうんで、足は引っ張ってはいるんだけどね。ちょっと弱くなったね。トップが弱くなってるから、今はうまく動かないよね。

里村　日本にも、そのように北朝鮮がいろいろと関与《かんよ》していることが分かりました。

核《かく》は保持したまま米軍を撤去《てっきょ》させたい北朝鮮《きたちょうせん》

里村　そうすると、だいたい、将来の展望としては、「時間を味方につけながら、じっくりと時間をかけて南北統一に向かい、核《かく》は捨てずに保持したままで、さらに、在韓《ざいかん》米軍も取っ払《ぱら》ってしまう」というような方向でしょうか。

金正恩守護霊　うん。もちろん、それと、日本の沖縄《おきなわ》にもあるから、確実にね、あるから。韓国と沖縄にある核？　アメリカの核は、やっぱり撤去《てっきょ》させないといかんわねえ、うーん。

そうしないと、脅《おど》そうと思えば、私だって、〝最後のカード〟はまだ切ってないんだから。

里村　ほう。

金正恩守護霊　もし、「日本の沖縄とか神奈川《かながわ》とか、基地があるようなところに撃《う》ち込《こ》むぞ！」とブラフで言ったら、もう、日本のマスコミは大騒《おおさわ》ぎするよ。まあ、そこまで言わないところで今は止めてるんだからさあ。まだカードとしては残してんのよ。

里村　いや、日本としても、むしろ、本当にもう言っていただいたほうが……。

金正恩守護霊　ほんとにいいの？　言っていいの？　言っていいの？　言っていいの？

里村　左翼《さよく》マスコミが非常に困るという事態なので、それはそれで、もういいかなと（笑）。今日のお話をお伺《うかが》いしますと……。

金正恩守護霊　言っていいの？　ふーん。言っていいの？

里村　日本人の国防意識が、「国を護る」「自分たちの命を護る」というように変わ

ります から。

金正恩守護霊　私だって自制してるんだからさ。「沖縄に撃ち込むぞ」と言ったらさ、知事（選）だって市長選だって、変わるかもしれないよ、結論が。

里村　なるほど。日本の世論《よろん》が〝逆〟のほうに振《ふ》れて、「それは大変だ。撃ち込まれたら大変だ」ということで、非常に従順になるということですね。

金正恩守護霊　うん、そう、そう、そう、そう。

だから、アメリカの基地みたいなのがさあ、いろんな前線基地とか、イージス・アショア（地上配備型の防衛システム）か何か知らんけどさあ、イージス艦《かん》を陸地の基地のなかにつくるみたいなのをやったら反対運動が起きるように、一生懸命《いっしょうけんめい》、火をつけてますから。やってますよ。

7　北朝鮮《きたちょうせん》が避《さ》けたいシナリオとは

トランプが突如《とつじょ》、猛攻《もうこう》をかけてくるのが嫌《いや》なシナリオ

里村　そうした見立てのなかで、金正恩委員長（守護霊）にとって嫌《いや》なシナリオとは、あえて言うならば、どのようなものなんでしょうか。「これは避《さ》けたい」というシナリオは？

金正恩守護霊　うーん。それは、「トランプさんが、突如《とつじょ》、狂《くる》って猛攻《もうこう》を仕掛《しか》けてくる」というシナリオだわなあ、いちばん怖《こわ》いのは。

里村　なるほど。

綾織　可能性はかなりありますよね。

金正恩守護霊　だけど、側近がどんどん外されて辞《や》めてるし、マスコミは相変わらず、トランプを「史上最低の大統領だ」って言い続けてるからさあ、ありがたいね。アメリカのマスコミまでが、われわれの味方なんだから。

綾織　ただ、今回の貿易の問題を見ても、結局、もともとのトランプさんの主張に戻《もど》っているわけですよね。

金正恩守護霊　うーん。

綾織　それを主張して、押《お》し通そうとしているので、北朝鮮《きたちょうせん》の問題についても、やはり、もともとのご自身の主張を通される可能性はありますよね。

金正恩守護霊　だいたい、「アメリカ・ファースト」なんて政策が、そんな通るはずがないんでね。それがいいなら、「北朝鮮ファースト」でも別に構わないわけだからさあ、言えるような立場じゃないじゃないですか。ねえ？

綾織　ただ、世論《よろん》調査を行うと、北朝鮮のような国に対する武力行使については、五十パーセントの国民は支持していますので。

金正恩守護霊　どこの国民？

綾織　アメリカですね。

金正恩守護霊　だから、北朝鮮も韓国《かんこく》も日本も台湾《たいわん》も、アメリカ人には本当に区別がつかないんだって。

綾織　はい。そういうのはあるかもしれませんけれども、トランプ大統領が軍事行動を取ることについては、ある程度支持しています。

金正恩守護霊　いやいや、でも、ベトナムのときみたいに反戦運動がいっぱい起きるよ、アメリカでも。大学を封鎖《ふうさ》されて、いっぱいデモが起きて、それから、（銃《じゅう》）乱射とか、火炎瓶《かえんびん》とか、いろいろなもんが起きると思うよ？　反対する勢力はいっぱいいるからさあ。

綾織　やはり、「金正恩委員長にとって、いちばんの誤算となりうる部分は、トランプ大統領の行動だ」ということは言えると思います。

金正恩守護霊　まあ、いきなり来るやつは怖いわなあ。

綾織　はい。

金正恩守護霊　それと、習近平《しゅうきんぺい》とか、プーチンとかが、「突如、正義を振《ふ》りかざして、何か変わったことをやり始める」ということも、まあ、ないとは言えないからさあ。それもちょっとだけ怖い。

米中協働やロシアの動きが怖《こわ》い

里村　ということは、逆に言えば、日本がこれをつくれるかどうかは分かりませんけれども、中国やロシアまでもが、「北朝鮮は、もう止めないといけない」「金正恩委員長は、もう消さないといけない」というところまでの、大義という錦《にしき》の御旗《みはた》をつくれば、金正恩委員長のシナリオが崩《くず》れていくわけです。

金正恩守護霊　うん。中国は、ほんとはアメリカは敵のはずなのに、貿易額が最大になってるからできなくなっている。これ、経済的に厳しい制裁を受けたりしたら、不況《ふきょう》が来るからさあ。

そうすれば中国でも「内乱」が起きるから。「革命」が起きちゃうから。それを止めたいからね。なかなか、それは北朝鮮との額とは大違《おおちが》いだからさあ、そのへんは背に腹は代えられんところもある。

プーチンもちょっと分からない人だからさあ。あれが、万一《まんいつ》、敵対してくるようなことがあった場合、ロシアが攻《せ》めてくるようなことになったら、それはちょっと大変なことになるからねえ。それはきついです。

綾織　今、トランプさんに対しての「ロシア疑惑《ぎわく》」と言われているものが、ほとんど嘘《うそ》っぱちだということが分かってきて、今後、アメリカとロシアの関係がかなり変わってくる可能性はあります。

金正恩守護霊　まあ、とりあえず、安倍《あべ》さんは結局、〝掛け声〟だけで何もできないだろうとは思うけどね。うん。

里村　そういうなかで、われわれは、「日露《にちろ》平和条約」の締結《ていけつ》、さらに一歩進んで、「日露安保《あんぽ》条約」の締結を実現するとまで言っているのですけれども。

金正恩守護霊　君らは政党じゃないんだろ？　政治団体なんだろ？　だから、まあ、言ったって無駄《むだ》。

里村　いや、政治団体、政党の活動もありますが、国民への啓蒙《けいもう》として、言論活動的にもやっているわけです。

このへんについても、例えば、「日露平和条約」という方向に行かれると、やはり痛いですか。

金正恩守護霊　まあ、そんな大きなことを考えるのはやめて、ねえ？　長野のリンゴ、売ってなさいよ。

里村　（苦笑）

金正恩守護霊　そのあたりが適当な仕事だよ。うん。

8　日米韓《にちべいかん》の出方をこう読んでいる

文《ムン》氏を統一朝鮮《ちょうせん》の大統領に持ち上げて、あとで暗殺する？

及川　もう一つ、確認したいのですけれども、先ほど、「アメリカまで届く核《かく》兵器とミサイルはすでにできている」とおっしゃったのですが……。

金正恩守護霊　できてるよ。

及川　もう少し細《こま》かいところ、本当のことを言ってくださるかは分からないのですが、核ミサイル、ＩＣＢＭ（大陸間弾道《だんどう》ミサイル）が大気圏《たいきけん》に突入《とつにゅう》するときに、再突入できるような兵器になっているんですか。

金正恩守護霊　うん。それは、まあ、機密事項《じこう》だけど。一発、ほんとにやってみたら分かるからね、できるかどうかはね。やってみたら、できるか分かるわ。

及川　では、まだ実験はしていない？

金正恩守護霊　いやあ、それは実際上、戦争になるだろうね、そこまで実験をやったら。再突入実験をやったら、戦争になるんじゃないですか？　おそらくね。だから、戦争になるんだったら、もう効果的なことをやるしかねえから、まずは、あのへんのねえ、グアムあたり？

里村　うん。

金正恩守護霊　まずは、もう、周りで一切《いっさい》の電子機器が使えなくなるようなところまで見せてやりたいし……。

及川　その前に、金委員長がいちばん恐《おそ》れていると言われた、トランプさんが〝狂《くる》って暴走する〟ということがあるかもしれませんね。

金正恩守護霊　うーん、まあ、でも、マスコミが敵だからね、ほとんど。トランプの敵だからさ。

里村　守護霊様のお考えは分かったのですけども、もう一つは、地上の金委員長本人が、そこまで時間を味方につけて、自制が続くかどうかというところです。
　今回、文在寅《ムンジェイン》大統領を、ある意味で、かなり破格の扱《あつか》いをして、もしかしたら対談が実現するかも分かりません。しかし、地上の金委員長本人としては、けっこう屈辱《くつじょく》的な感じを受けると思うのですけれども。

金正恩守護霊　（約三秒間の沈黙《ちんもく》）だからさ（笑）、誰《だれ》が北朝鮮《きたちょうせん》に入ってきてね、北朝鮮のミサイルを撤去《てっきょ》して、核施設《しせつ》全部、それを解放してしまうことができるんだね？　そんなことができる人がいるかね。そらあねえ、もう、巨大《きょだい》な軍隊でも入ってこないかぎり、不可能ですよ。できないですよ。

里村　それを今、アメリカ軍は作戦を立ててやろうとは……。

金正恩守護霊　ああ、口約束だけはね、いくらでも可能ですけどね。

里村　何となく、今のお言葉は、「最後の本土決戦」のような感じ。要するに、かつても「一億総玉砕《ぎょくさい》」という言葉がありましたけれども。

金正恩守護霊　まあ、「とりあえず韓国《かんこく》とのルートを開けておけば、玉砕にはならない」とは思ってるけどね。

里村　逆に言うと、ある意味では、そこが今、一縷《いちる》の生き筋《すじ》としてあるということですね。

金正恩守護霊　うーん、まあ、別に〝最後の手〟だったら、それは、「文在寅を統一朝鮮の大統領にしてもいい」とか持ち上げて……。私のほうが若いからね？

綾織　うーん。なるほど。

金正恩守護霊　持ち上げといて、まあ、暗殺してもいいしさあ。

里村　あ……。

金正恩守護霊　ハハハッハハ（笑）。

及川　ということは、金正恩委員長が非常に恐れていることというのは、北朝鮮の核兵器を放棄《ほうき》させるために、トランプ大統領が最終的に大規模な攻撃《こうげき》をするということでしょうか。それが、やはり、いちばん嫌《いや》ですか。

金正恩守護霊　なんせさ、もう、何十年もかけて開発してきたもんだから、捨てるわけないじゃない？　捨てたら、三代目としてはもう終わりだよ。もう終わってるよ。それは〝自殺〟だから。

及川　つまり、それは、対話ではありえないですよね？

金正恩守護霊　そんなん、ありえない、ありえない、ありえない。「時間稼《かせ》ぎ」と、「条件交渉《こうしょう》」と、まあ、「援助《えんじょ》」を引き出す。「支援」だね。

だから、「トークする」と言えば、「核削減《さくげん》のための話し合いをする」と言えば、日本政府だって金を出してくる可能性はあるわね。

9 「日本人よ、もう諦《あきら》めろ」

「なくなるのは北朝鮮《きたちょうせん》ではなく、日本のほう」

里村　それから、これは霊界《れいかい》での話ですけれども、●去年十月の霊言《れいげん》のときにおっしゃっていたのは、父である金正日《キムジョンイル》、また、異母兄である金正男《キムジョンナム》らとの〝家族会議〟があり、「ちょっとやりすぎである」という感じでたしなめられているとのことでした。

そうすると、今回の方向性というのは、非常に両者一致《いっち》した考え方であると……。

金正恩守護霊　ああ、これは外交手腕《しゅわん》の問題だからさあ。ちょっとまだ未知数だけどね。

●去年十月の霊言……　『守護霊インタビュー 金正恩 最後の狙い』(前掲)参照。

ただ、「南北で直接対話したい」って韓国《かんこく》大統領が言ってるからさ。これを邪魔《じゃま》するのは、やっぱり、日本だってアメリカだって難しいんじゃないか？　うーん。

里村　確かに、大義は立ちにくいところですね。なるほど。

金正恩守護霊　うん。それに、文《ムン》さんのご親族が北にいるからね。

里村　ああ、はい。もともと、北の地域出身の家系ですから。

金正恩守護霊　「なくなるのは、北朝鮮《きたちょうせん》じゃなくて日本という国家のほうだ」と、私は思いますがね。

里村　ああ、なくなるのは、北朝鮮ではなくて日本であると？

金正恩守護霊　うーん。

里村　それで、韓国は、北に……。

金正恩守護霊　吸収される。

里村　吸収されると。

金正恩守護霊　うん。

里村　先ほど、文在寅《ジェイン》大統領の守護霊は、「日本の植民地化は可能だ」とおっしゃっていました。

金正恩守護霊　「お金を持っているほうが勝つ」って言ってたけど、そんなことないよ。「核兵器を持っているほうが勝つ」んですよ。

里村　なるほど。

金正恩守護霊　当たり前じゃないですか、そんなの（笑）。イチコロですよ。

里村　いずれにしても、日本には未来がないという……。

金正恩守護霊　日本は孤立《こりつ》するでしょうねえ。

アメリカも、きっと裏切る。最後は〝捨てる〟んじゃないですか。「日本のために、そんな莫大《ばくだい》な犠牲《ぎせい》を強《し》いて、『費用』と『人命』を差し出して、なんで戦わなきゃいけないんだ」って、反対運動がいっぱい起きるよ、アメリカもね。

里村　そうすると、日本としては、国際社会に仲間をつくっていかないと駄目《だめ》ですね。

金正恩守護霊　仲間はもともといないんだよ、日本には。誰《だれ》もいないんだ。

里村　ほう。なぜでしょう。日本にいないというのは。

金正恩守護霊　悪いこと、いっぱいしてきたからでしょう？　だから、〝原罪〟があるんだよ、日本には。〝原罪〟がな。この〝原罪〟を責めるのが、われわれの、南北の共同目標だから。

里村　はあ。そうすると、ある意味で「歴史戦」も続くわけですね。

金正恩守護霊　「日本が悪魔だ」ということに関しては、もう、韓国も北朝鮮も一致してるんだから。

里村　なるほど。

金正恩守護霊　アメリカだって、これは一致してるでしょ。中国も一致してるんだから。国際社会っていうのは、「日本を悪魔だと見る勢力」だ。それが国際社会だ。

里村　しかも、日本国民のなかですら、それを信じている人がいるという……。

金正恩守護霊　うーん、半分はいるからさ。

里村　なるほど。

金正恩守護霊　半分以上いるかもしらん。うん。

しばらくの微笑《びしょう》外交後に、韓国《かんこく》を取り、合同して日本を取る

綾織　今日のお話を伺《うかが》っていると、「結局、トランプ大統領が一つのことを決断する以外にはない」ということが分かりました。

金正恩守護霊　ただ、難しいだろうねえ。あれだけ側近が次々と辞《や》めていってさ、自分の娘《むすめ》夫妻さえ、もう、だんだん信用できなくなってきて、孤立するトランプだよなあ。おお、かわいそうにな。

綾織　普通《ふつう》の人だったら、すごく気にするとは思うんですけども、まあ、あまり関係ない（笑）。

里村　経営者ですから、成果があがらない場合は、当然、部下やスタッフを次の人材に替《か》えていくようなこともやりますから。

金正恩守護霊　さあ、あのじじいがさ、〝大虐殺者《だいぎゃくさつしゃ》〟の汚名《おめい》を受けて、一生を終えられるかどうかね？　それは決断だろうけどさ。
ただ、タダじゃあ済まねえからさ。だから、アメリカにも火の雨を降らしてやるからさ、それは。確実に。

里村　なるほど。「いずれは」ですね？

金正恩守護霊　うん。日本はハワイまでしか攻《せ》められなかったかもしれないけど、・・・・・・アメリカ本土を攻撃《こうげき》するところを見せてやるよ。うん。

里村　うーん！　やはり、そういう思いがおありなんですね。

金正恩守護霊　うん。

及川　そのへんの報復能力のところを、ぜひ、お訊《き》きしたいのですが。

金正恩守護霊　いや、それは、アメリカ全土を灰にするほどの力はありませんよ。ただ、ワシントンとかニューヨークとか、ロサンゼルスを灰にするぐらいの力はありますよ。

里村　その思いを秘めて出さないようにして、しばらくは「微笑外交《びしょう》」を続けつつ、委員長自《みずか》ら韓国《かんこく》大統領を歓待《かんたい》したりして、日本やアメリカに攻撃の口実を与《あた》えない方向に行くということですね？

金正恩守護霊　「韓国を取り、韓国と合同して、次、日本を取る」というのが、やっぱり、基本のセオリーですね。

里村　はい。ある意味で、長い時間をかけて非常に遠くまで見ていることがよく分かりました。

金正恩守護霊　まあ、君たちは悪魔の側なんだからさ。「いかにして殺されるか」っていうことだけ考えとりゃいいんだよ。

「核避《かくよ》けのシェルター？　もう遅《おそ》いよ」

里村　それに対しては反論もあるのですけれども、今日はお話をお伺いする場ですので。

金正恩守護霊　地下にねえ、あれでしょう？　核避《かくよ》けのための、何？　何だか知らんけど、シェルター？

里村　はい。

金正恩守護霊　つくっても、もう遅《おそ》いよ。もう諦《あきら》めろよ。日本は狭《せま》いんだからさあ。地下掘《ほ》ってる暇《ひま》はねえから。地下を掘ってたら、いろいろ障害物が出てくるから、もう諦めたら？　うーん。

里村　なるほど。

金正恩守護霊　降参《こうさん》しろよ。うん。早く降参しろ。

里村　「日本人よ、諦めなさい」ということが、今の金正恩委員長のお考えですね。

金正恩守護霊　アメリカは、ものすごい「財政赤字」をつくってて、軍事費用を削《さく》減《げん》したい圧力が、もう、恒常的《こうじょう》にかかってるからさあ。だから、ああいう好戦的な態度はやめるべきで、地球の裏側まで来て戦うなんていうのはやめたほうがいいよ。関係ないじゃないか。南北で話し合って決めりゃいいことなんだからさ、余計なお世話だよ。

そしたらねえ？　財政赤字を削減できるし、軍事費用は、もう半分に、半分か三分の一にしたらいいいんだよ。な？

まあ、日本は、いずれ、未来はないよ。

里村　はい。それを、今日はメッセージとして承《うけたまわ》りまして、また伝えてまいりたいと思います。

金正恩守護霊　はい。

里村　本日はありがとうございました。

10　大川隆法所感「動向を見るが、最終的に北は滅《ほろ》びると思う」

大川隆法　（手を二回叩《たた》く）というようなことでございました。

韓国《かんこく》も北朝鮮《きたちょうせん》も、今のところ、安倍《あべ》政権の敵のようですね。私たちとしては、トランプさんに、ある程度、神のごとき判断をしてほしいとは思っていますが。

対話する外交をやっているときに、「戦争をやれ」というようなことを勧《すす》めるほど野暮《やぼ》なことはできませんので、しばらく動向は見させていただきますが、いずれにしても、最終的に世界が平和になる方向へ行くといいなと思っています。

だいたい、どこも独裁者が終身制になる方向へと動き始めているので、なかなか先は大変だなと感じます。

里村　ええ。

大川隆法　アメリカの作業過程としても、イランとかエジプトとか、まだ戦いの可能性があるところが幾《いく》つかあります。そこには、そのあたりまで入っているでしょうから、どのあたりでやるかは分からないところではありますね。

今年は、「対話で平和を」というようなことを、左翼《さよく》のマスコミがたくさん書いたり報道したりすることが続くのでしょうけれども、私の感じとしては、やはり、「最終的には北朝鮮は滅《ほろ》びる」と思います。

里村　はい。ありがとうございました。

あとがき

ニュースによれば、四月末までには南北朝鮮会談が行われるという。安倍首相は四月に訪米し、五月末を目処《めど》に、トランプ大統領は金正恩《キムジョンウン》氏との直接会談を受け容《い》れるという。

このシナリオをどう読むか。日本の左翼系マスコミや野党は、〝平和へのシグナル〟とみて、森友《もりとも》問題などで攻勢を強め、安倍タカ派路線を引きずりおろそうとしている。

韓国の文《ムン》大統領は、おそらく今年の『ノーベル平和賞』でも目指していることだろう。

トランプ大統領も自画自賛《じがじさん》中である。

本書が唯一《ゆいいつ》の「未来資料」である。日本がやるべきこと、アメリカがやるべきことを読み解いて頂きたい。

二〇一八年　三月十三日

幸福《こうふく》の科学《かがく》グループ創始者兼総裁《そうししゃけんそうさい》　大川隆法《おおかわりゅうほう》

『文在寅守護霊 vs. 金正恩守護霊』 大川隆法著作関連書籍

『北朝鮮・金正恩はなぜ「水爆実験」をしたのか』（幸福の科学出版刊）
『危機の中の北朝鮮　金正恩の守護霊霊言』（同右）
『緊急守護霊インタビュー 金正恩 vs. ドナルド・トランプ』（同右）
『守護霊インタビュー 金正恩 最後の狙い』（同右）
『文在寅 韓国新大統領守護霊インタビュー』（同右）
『北朝鮮――終わりの始まり――』（幸福実現党刊）
『守護霊インタビュー 金正恩の本心直撃！』（同右）

文在寅守護霊《ムンジェインしゅごれい》 vs. 金正恩守護霊《キムジョンウンしゅごれい》

──南北対話の本心を読む──

2018年3月14日　初版第1刷

著　者　　大《おお》川《かわ》隆《りゅう》法《ほう》

発行所　　幸福の科学出版株式会社

〒107-0052 東京都港区赤坂2丁目10番14号
TEL(03)5573-7700
http://www.irhpress.co.jp/

印刷・製本　株式会社 研文社

落丁・乱丁本はおとりかえいたします

ISBN978-4-86395-992-7 C0030

カバー写真：Avalon/時事通信フォト／SPUTNIK/時事通信フォト／朝鮮通信＝時事
本文写真：AFP ＝時事

大川隆法 霊言シリーズ・緊迫する東アジア情勢を読む

緊急守護霊インタビュー
金正恩 vs. ドナルド・トランプ

英語霊言
日本語訳付き

二人の守護霊を直撃。挑発を繰り返す北朝鮮の「シナリオ」とは。米大統領の「本心」と「決断」とは。北朝鮮情勢のトップシークレットが、この一冊に。

1,400円

守護霊インタビュー
金正恩 最後の狙い

戦争の引き金を引くのか？ それとも降伏するのか？ ついに最終段階を迎えた北朝鮮問題──。追いつめられた独裁者が垣間見せた焦りと迷いとは。

1,400円

文在寅《ムンジェイン》 韓国新大統領
守護霊インタビュー

韓国が「東アジアの新たな火種」となる!? 文在寅新大統領の驚くべき本心と、その国家戦略が明らかに。「ムッソリーニの霊言」を特別収録。

1,400円

※表示価格は本体価格(税別)です。

大川隆法 霊言シリーズ・世界の政治指導者の本心

守護霊インタビュー ドナルド・トランプ アメリカ復活への戦略

英語霊言 日本語訳付き

過激な発言で「トランプ旋風」を巻き起こした選挙戦当時、すでにその本心は明らかになっていた。トランプ大統領で世界がどう変わるかを予言した一冊。

1,400円

ロシアの本音 プーチン大統領守護霊 vs.大川裕太

「安倍首相との交渉は、〝ゼロ〟に戻った」。日露首脳会談（2016年12月）への不満、そして「日露平和条約締結」の意義をプーチン守護霊が本音で語る。

1,400円

中国と習近平に未来はあるか

反日デモの謎を解く

「反日デモ」も、「反原発・沖縄基地問題」も中国が仕組んだ日本占領への布石だった。緊迫する日中関係の未来を習近平氏守護霊に問う。【幸福実現党刊】

1,400円

大川隆法シリーズ・**最新刊**

知られざる天才作曲家 水澤有一「神秘の音楽」を語る

大川隆法　著

古代文明の旋律、霊界の調べ、邪気を祓う"結界"音楽――。幸福の科学の音楽を手がける天才作曲家が、現代芸術の常識を覆す、五感を超えた音楽論を語る。

1,400円

教育者の条件

人を育てる 7 つのポイント

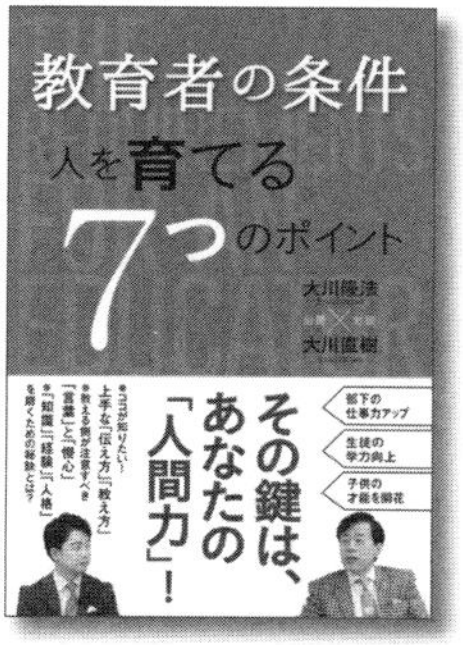

大川隆法　大川直樹　共著

仕事の成功論をベースにした新しい教育論。学校で、職場で、家庭で、多くの人に感化を与え続ける秘訣について、豊富な具体例をもとに語り合った一冊。

1,500円

病《やまい》を乗り切るミラクルパワー

常識を超えた「信仰心で治る力」

大川隆法　著

糖質制限、菜食主義、水分摂取――、その"常識"に注意。病気の霊的原因と対処法など、超・常識の健康法を公開!
認知症、統合失調症等のＱＡも所収。

1,500円

さらば
青春、
されど
青春。
せつなくて、神秘的で、
胸があつくなる──
誰も描けなかった
青春と恋のストーリー。
あなたを信じて、
ほんとうによかった。
製作総指揮・原案／大川隆法
大川宏洋　千眼美子
石橋保　芦川よしみ　山田明郷　日向丈　野久保直樹
長谷川奈央　梅崎快人　伊良子未來　希島凛　ビートきよし　大浦龍宇一　高杉亘　木下ほうか
監督／赤羽博　音楽／水澤有一　製作／幸福の科学出版　製作協力／ニュースター・プロダクション　アリ・プロダクション
制作プロダクション／ジャンゴフィルム　配給／日活　配給協力／東京テアトル　©2018 IRH Press
2018年初夏ロードショー
saraba-saredo.jp

幸福の科学グループのご案内

宗教、教育、政治、出版などの活動を通じて、地球的ユートピアの実現を目指しています。

幸福の科学

一九八六年に立宗。信仰の対象は、地球系霊団の最高大霊、主エル・カンターレ。世界百カ国以上の国々に信者を持ち、全人類救済という尊い使命のもと、信者は、「愛」と「悟り」と「ユートピア建設」の教えの実践、伝道に励んでいます。

（二〇一八年三月現在）

愛

幸福の科学の「愛」とは、与える愛です。これは、仏教の慈悲《じひ》や布施《ふせ》の精神と同じことです。信者は、仏法真理をお伝えすることを通して、多くの方に幸福な人生を送っていただくための活動に励んでいます。

悟り

「悟り」とは、自らが仏の子であることを知るということです。教学《きょうがく》や精神統一によって心を磨き、智《ち》慧《え》を得て悩みを解決すると共に、天使・菩薩《ぼさつ》の境地を目指し、より多くの人を救える力を身につけていきます。

ユートピア建設

私たち人間は、地上に理想世界を建設するという尊い使命を持って生まれてきています。社会の悪を押しとどめ、善を推し進めるために、信者はさまざまな活動に積極的に参加しています。

国内外の世界で貧困や災害、心の病で苦しんでいる人々に対しては、現地メンバーや支援団体と連携して、物心両面にわたり、あらゆる手段で手を差し伸べています。

年間約３万人の自殺者を減らすため、全国各地で街頭キャンペーンを展開しています。

公式サイト **www.withyou-hs.net**

ヘレン・ケラーを理想として活動する、ハンディキャップを持つ方とボランティアの会です。視聴覚障害者、肢体不自由な方々に仏法真理を学んでいただくための、さまざまなサポートをしています。

公式サイト **www.helen-hs.net**

入会のご案内

幸福の科学では、大川隆法総裁が説く仏法真理《ぶっぽうしんり》をもとに、「どうすれば幸福になれるのか、また、他の人を幸福にできるのか」を学び、実践しています。

入会

仏法真理を学んでみたい方へ

大川隆法総裁の教えを信じ、学ぼうとする方なら、どなたでも入会できます。入会された方には、『入会版「正心法語」』が授与されます。

ネット入会 入会ご希望の方はネットからも入会できます。
happy-science.jp/joinus

三帰《さんき》誓願《せいがん》

信仰をさらに深めたい方へ

仏弟子としてさらに信仰を深めたい方は、仏《ぶっ》・法《ぽう》・僧《そう》の三宝《さんぽう》への帰依を誓う「三帰誓願式」を受けることができます。三帰誓願者には、『仏説・正心法語《しょうしんほうご》』『祈願文《きがんもん》①』『祈願文②』『エル・カンターレへの祈り』が授与されます。

幸福の科学 サービスセンター
TEL 03-5793-1727 （受付時間／火～金：10～20時 土・日祝：10～18時）
幸福の科学 公式サイト
happy-science.jp

ハッピー・サイエンス・ユニバーシティ
Happy Science University

教育

ハッピー・サイエンス・ユニバーシティとは

ハッピー・サイエンス・ユニバーシティ(HSU)は、大川隆法総裁が設立された「現代の松下村塾」であり、「日本発の本格私学」です。
建学の精神として「幸福の探究と新文明の創造」を掲げ、チャレンジ精神にあふれ、新時代を切り拓く人材の輩出を目指します。

学部のご案内

人間幸福学部

人間学を学び、新時代を切り拓くリーダーとなる

経営成功学部

企業や国家の繁栄を実現する、起業家精神あふれる人材となる

未来産業学部

新文明の源流を創造するチャレンジャーとなる

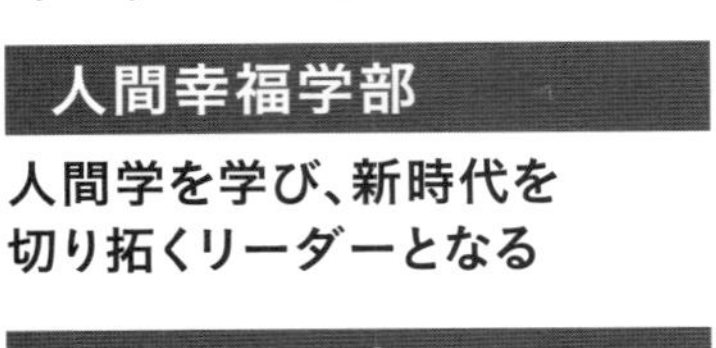

HSU長生キャンパス
〒299-4325
千葉県長生郡長生村一松丙 4427-1
TEL **0475-32-7770**

未来創造学部

時代を変え、未来を創る主役となる

政治家やジャーナリスト、ライター、俳優・タレントなどのスター、映画監督・脚本家などのクリエーター人材を育てます。4年制と短期特進課程があります。

・4年制
1年次は長生キャンパスで授業を行い、2年次以降は東京キャンパスで授業を行います。

・短期特進課程(2年制)
1年次・2年次ともに東京キャンパスで授業を行います。

HSU未来創造・東京キャンパス
〒136-0076
東京都江東区南砂2-6-5
TEL **03-3699-7707**

学校法人
幸福の科学学園

学校法人　幸福の科学学園は、幸福の科学の教育理念のもとにつくられた教育機関です。人間にとって最も大切な宗教教育の導入を通じて精神性を高めながら、ユートピア建設に貢献する人材輩出を目指しています。

幸福の科学学園

中学校・高等学校（那須本校）
2010年4月開校・栃木県那須郡（男女共学・全寮制）
TEL **0287-75-7777**
公式サイト **happy-science.ac.jp**

関西中学校・高等学校（関西校）
2013年4月開校・滋賀県大津市（男女共学・寮及び通学）
TEL **077-573-7774**
公式サイト **kansai.happy-science.ac.jp**

仏法真理塾「サクセスNo.1」 TEL **03-5750-0747**（東京本校）
小・中・高校生が、信仰教育を基礎にしながら、「勉強も『心の修行』」と考えて学んでいます。

不登校児支援スクール「ネバー・マインド」 TEL **03-5750-1741**
心の面からのアプローチを重視して、不登校の子供たちを支援しています。
また、障害児支援の**「ユー・アー・エンゼル！」運動**も行っています。

エンゼルプランV TEL **03-5750-0757**
幼少時からの心の教育を大切にして、信仰をベースにした幼児教育を行っています。

シニア・プラン21 TEL **03-6384-0778**
希望に満ちた生涯現役人生のために、年齢を問わず、多くの方が学んでいます。

NPO
活動支援

学校からのいじめ追放を目指し、さまざまな社会提言をしています。また、各地でのシンポジウムや学校への啓発ポスター掲示等に取り組む一般財団法人「いじめから子供を守ろうネットワーク」を支援しています。

公式サイト **mamoro.org**
相談窓口 **TEL.03-5719-2170**
ブログ **blog.mamoro.org**

政治

幸福実現党

内憂外患《ないゆうがいかん》の国難に立ち向かうべく、2009年5月に幸福実現党を立党しました。創立者である大川隆法党総裁の精神的指導のもと、宗教だけでは解決できない問題に取り組み、幸福を具体化するための力になっています。

幸福実現党 釈量子サイト
shaku-ryoko.net

Twitter
釈量子@shakuryoko
で検索

党の機関紙
「幸福実現NEWS」

幸福実現党　党員募集中

あなたも幸福を実現する政治に参画しませんか。

○ 幸福実現党の理念と綱領、政策に賛同する18歳以上の方なら、どなたでも参加いただけます。
○ 党費:正党員（年額5千円［学生 年額2千円］)、特別党員（年額10万円以上)、家族党員（年額2千円)
○ 党員資格は党費を入金された日から1年間です。
○ 正党員、特別党員の皆様には機関紙「幸福実現NEWS(党員版)」が送付されます。

＊申込書は、下記、幸福実現党公式サイトでダウンロードできます。
住所:〒107-0052　東京都港区赤坂2-10-8 6階 幸福実現党本部
TEL **03-6441-0754**　FAX **03-6441-0764**
公式サイト **hr-party.jp**　若者向け政治サイト **truthyouth.jp**

幸福の科学グループ事業

幸福の科学出版

出版 メディア 事業

大川隆法総裁の仏法真理の書を中心に、ビジネス、自己啓発、小説など、さまざまなジャンルの書籍・雑誌を出版しています。他にも、映画事業、文学・学術発展のための振興事業、テレビ・ラジオ番組の提供など、幸福の科学文化を広げる事業を行っています。

アー・ユー・ハッピー？
are-you-happy.com

ザ・リバティ
the-liberty.com

幸福の科学出版
TEL **03-5573-7700**
公式サイト **irhpress.co.jp**

ザ・ファクト
マスコミが報道しない
「事実」を世界に伝える
ネット・オピニオン番組

Youtubeにて
随時好評
配信中！

ザ・ファクト　検索

芸能文化 事業

ニュースター・プロダクション

「新時代の"美しさ"」を創造する芸能プロダクションです。2016年3月に映画「天使に"アイム・ファイン"」を、2017年5月には映画「君のまなざし」を公開しています。

公式サイト **newstarpro.co.jp**

ARI《アリ》 Production《プロダクション》

タレント一人ひとりの個性や魅力を引き出し、「新時代を創造するエンターテインメント」をコンセプトに、世の中に精神的価値のある作品を提供していく芸能プロダクションです。

公式サイト **aripro.co.jp**

大川隆法　講演会のご案内

大川隆法総裁の講演会が全国各地で開催されています。
講演のなかでは、毎回、「世界教師」としての立場から、幸福な人生を生きるための心の教えをはじめ、世界各地で起きている宗教対立、紛争、国際政治や経済といった時事問題に対する指針など、日本と世界がさらなる繁栄の未来を実現するための道筋が示されています。

2017年8月2日 東京ドーム「人類の選択」

2017年5月14日 ロームシアター京都
「永遠なるものを求めて」

2017年4月23日 高知県立県民体育館
「人生を深く生きる」

2018年2月3日 都城市総合文化ホール(宮崎県)
「情熱の高め方」

2017年12月7日 幕張メッセ(千葉県)「愛を広げる力」

講演会には、どなたでもご参加いただけます。
最新の講演会の開催情報はこちらへ。⟹

大川隆法総裁公式サイト
https://ryuho-okawa.org